Bibliografische Information der Deutschen Nationalbibliothek:

Die Deutsche Bibliothek verzeichnet diese Publikation in der Deutschen National-
bibliografie; detaillierte bibliografische Daten sind im Internet über http://dnb.d-
nb.de/ abrufbar.

Impressum:

Copyright © 2016 GRIN Verlag, Open Publishing GmbH
Druck und Bindung: Books on Demand GmbH, Norderstedt Germany
ISBN: 9783668335615

Dieses Buch bei GRIN:

http://www.grin.com/de/e-book/343439/der-einsatz-von-jugendliteratur-im-
geschichtsunterricht

Lisa Blech

Der Einsatz von Jugendliteratur im Geschichtsunterricht

GRIN Verlag

Inhalt

1. Einleitung

Die Schule ist heutzutage nicht mehr der einzige Ort, an dem historisches Lernen stattfindet. Das Geschichtsbewusstsein der Schülerinnen und Schüler (SuS) wird auch in ihrer Freizeit durch neue Medien wie Film, TV und das Internet geformt. Deshalb stellt sich die Frage, weshalb ausgerechnet das alte Medium Buch, spezifisch Jugendliteratur, im Geschichtsunterricht genutzt werden sollte.

Selbst im jüngst veröffentlichten *„Wegweiser Geschichtsdidaktik"* von Ulrich Baumgärtner wird das Jugendbuch lediglich auf drei Seiten als Form belletristischer Geschichtsschreibung unter dem Punkt „Geschichts-Erzählungen" erwähnt, da immer noch die Quelle als Ultimum der Schriftlichkeit und Faktentreue im Geschichtsunterricht gilt. Wird von der Lehrkraft über das Lesen im Geschichtsunterricht nachgedacht, werden im Folgenden überwiegend informative Sachtexte, besonders in der Grundschule, und historische Quellen in der Primar- und Sekundarstufe eingesetzt. Dabei steht der Einsatz historischer Jugendromane oder gar phantastischer Jugendliteratur hinten an. Eben diese Literatur findet jedoch regen Anklang bei Kindern und Jugendlichen, sodass sich die Frage ergibt, ob Jugendliteratur im Geschichtsunterricht eingesetzt werden sollte.[1]

In dieser Arbeit wird deshalb der Einsatz historischer Jugendliteratur und phantastischer Jugendliteratur als Medium historischen Lernens im Geschichtsunterricht genauer betrachtet. Historische Jugendliteratur zeigt sich als Untersuchungsgegenstand dieser Arbeit geeignet, da sie per se angibt, historische Inhalte zu besitzen und durch ihre jugendlichen Protagonisten dem Alterstypus der SuS entspricht und so für Anknüpfungspunkte sorgt. Der Bereich der phantastischen Jugendliteratur wird für den Geschichtsunterricht näher betrachtet, da die Phantastik zu den beliebtesten Genres auf dem Jugendbuchmarkt gehört

---

1 Vgl. Baumgärtner, Ulrich: Wegweiser Geschichtsdidaktik. Historisches Lernen in der Schule, Paderborn 2015, S. 149ff; Ewers, Hans-Heino: Überlegungen zur Poetik der Fantasy, in: Tomkowiak, Ingrid (Hg.): Perspektiven der Kinder- und Jugendmedienforschung, Zürich 2011, S. 13. Schülerinnen und Schüler werden mit SuS abgekürzt.

und somit Anreiz für eine Beschäftigung damit bietet.[2]

Außerdem findet Narrativität seit dem neuen Jahrhundert wieder Einzug in die Geschichtsdidaktik und ist deshalb betrachtenswert. Besonders die Frage um den Einsatz literarischer Erzählungen für das historische Lernen stellt sich hierbei. In jüngster Zeit hat insbesondere Monika Rox-Helmer mit ihrer Publikation *„Jugendbücher im Geschichtsunterricht. Methoden Historischen Lernens"* von 2006 das Jugendbuch wieder als Medium für den Geschichtsunterricht in den Fokus gestellt. Dabei baut sie ihr Engagement auf geschichtstheoretischen und -didaktischen Grundlagen wie Imagination und Geschichtsbewusstsein auf, welche im Verlauf der Arbeit näher erläutert werden. Auch Janine Christina Georg untersucht den Beitrag von historischer Jugendliteratur zum historischen Lernen mit ihrer Dissertation *„Fiktionalität und Geschichtsvermittlung – unvereinbar?. Eine Studie über den Beitrag historischer Jugendromane der Gegenwart zum historischen Lernen"* von 2008. Im Jahr 2010 geht Rox-Helmer spezifisch auf die Leseförderung im Geschichtsunterricht mit ihrem Aufsatz *„Lesen im Geschichtsunterricht: Notwendigkeit oder Chance?"* in Pro Lesen ein und stellt damit die Thematik erneut zur Debatte.[3]

In dieser Arbeit wird zudem der Konstruktivismus im Bezug auf die Geschichtsdidaktik und den Geschichtsunterricht betrachtet, den es beim Einsatz fiktionaler Literatur zu verfolgen gilt, da dieser essentiell für eine Auseinandersitzung mit Fakten und Fiktion ist. Die Beschäftigung mit

---

2 Vgl. Prestel, Marco: Wundersame Wirrnis. Eine Einführung in die Theorie der phantastischen Kinder- und Jugendliteratur und die Poetik der Fantasy, in: Mairbäurl, Gunda et al. (Hg.): Kinderliterarische Mythen-Translation. Zur Konstruktion phantastischer Welten bei Tove Jansson, C.S. Lewis und J.R.R. Tolkien. Praesens, Wien 2013, S. 26. In der Arbeit wird nur auf historische und phantastische Jugendliteratur Bezug genommn, die für den Geschichtsunterricht auf Basis der Rahmenlehrpläne für Deutschland Relevanz hat. Demnach sind moderne Jugendbücher mit rein pubertär-emotionalen Hintergrund von der Untersuchung ausgeschlossen.

3 Vgl. Georg, Janine Christina (Diss.): Fiktionalität und Geschichtsvermittlung – unvereinbar?. Eine Studie über den Beitrag historischer Jugendromane der Gegenwart zum historischen Lernen, Oldenburg 2007; Rox-Helmer, Monika: Jugendbücher im Geschichtsunterricht. Methoden Historischen Lernens, Schwalbach/Ts. 2006; Rox-Helmer, Monika: Lesen im Geschichtsunterricht. Notwendigkeit oder Chance?, in: Pro Lesen. Auf dem Weg zur Leseschule - Leseförderung in den gesellschaftswissenschaftlichen Fächern, Donauwörth 2010, S. 183-199.

konstruktivistischen Methoden für Unterrichtsvorhaben ist jedoch nicht neu. Schon 2005 schrieb Susanne Valerie Klaßen ihre Dissertation „*Konstruktivismus „macht" Schule. Der Weg des Konstruktivismus in die Grundschule - von der neuen Kindheitsforschung zur Didaktik des Sachunterrichts*" und 2009 publizierten Gerhard de Haan und Tobis Rückler „*Der Konstruktivismus als Grundlage für die Pädagogik*" für den Bereich der Pädagogik. Die Geschichtsdidaktik hat jedoch erst jüngst den Anschluss gefunden. Erste Ansätze für eine konstruktivistische Geschichtsdidaktik bietet neben Bärbel Völkels „*Wie kann man Geschichte lehren? Die Bedeutung des Konstruktivismus für die Geschichtsdidaktik*" von 2014 auch Jörg van Norden mit der im Jahr 2015 erschienen Publikation „*Was machst du für Geschichten?. Didaktik eines narrativen Konstruktivismus*", in der van Norden nicht nur Unterrichtsvorhaben vorstellt und Curricula analysiert, sondern auch eine Art Hermeneutik inklusive Kompetenzmodell aufzeigt.[4]

Im Folgenden werden die Begrifflichkeiten historisches Lernen, Geschichtsbewusstsein und Sprache, Konstruktivismus, Narrativität, Historische Imagination, Multiperspektivität, Personifizierung, Alltagsgeschichte, Emotionen sowie SuS-Interessen näher gehend betrachtet, um die Grundlagen und strukturellen Zusammenhänge für eine folgende Auseinandersetzung zur historischen und phantastischen Jugendliteratur im Geschichtsunterricht zu schaffen. Im Anschluss daran werden positive und negative Aspekte des Einsatzes von Jugendliteratur beleuchtet, historische und phantastische Jugendromane vorgestellt und auf ihre Eignung für den Geschichtsunterricht geprüft. Hierzu werden auf geschichtstheoretischen, -didaktischen und literaturdidaktischen Grundlagen aufbauende Analysekriterien genutzt und mit Hinblick auf den neuen Rahmenlehrplan für

---

4 Vgl. de Haan, Gerhard/ Rülcker, Tobias: Der Konstruktivismus als Grundlage für die Pädagogik, Frankfurt (Main) 2009; Klaßen, Susanne Valerie: Konstruktivismus „macht" Schule. Der Weg des Konstruktivismus in die Grundschule – von der neuen Kindheitsforschung zur Didaktik des Sachunterrichts (Diss.), Gießen 2005; van Norden, Jörg: Was machst du für Geschichten?. Didaktik eines narrativen Konstruktivismus, Freiburg im Breisgau 2011; Völkel, Bärbel: Wie kann man Geschichte lehren?. Die Bedeutung des Konstruktivismus für die Geschichtsdidaktik, Schwalbach/Ts 2002.

Berlin und Brandenburg untersucht. Die Vor- sowie Nachteile der vorgestellten Jugendbücher werden dabei kritisch beleuchtet und sich ergebende Fragen sowie die Einschätzung zum Einsatz von Jugendliteratur im Geschichtsunterricht auf Basis der Ergebnisse dieser Arbeit im Fazit zusammengefasst und ein Ausblick auf einen Einsatz im Geschichtsunterricht gegeben.[5]

---

5 In dieser Arbeit wird Bezug auf den neuen Rahmenlehrplan für Berlin und Brandenburg für das Schuljahr 2017/2018 Bezug genommen, da die eigentlichen Vorschläge für diesen für eine große Auseinandersetzung gesorgt hat und nun in seiner amtlichen Fassung die Perspektiven und Einflüsse der Lehrkräfte und BürgerInnen auf den Lernort Schule widerspiegelt.

2. Theoretische Grundlagen

2.1. Historisches Lernen, Geschichtsbewusstsein und Sprache

Wird über historisches Lernen nachgedacht, muss zuerst der Sprachaspekt betrachtet werden. Die Sprache ist nämlich nach Hartung nicht nur essentiell für Lehr-Lernprozesse, sondern auch in ihrer Funktion für Denken und Kommunikation Grundlage für den zu behandelnden Gegenstandsbereich. Dafür sei die Bindung von Quellen an Sprache Ausdruck, denn „Sprache ist allgemein gesprochen eine mit artikulierten Lauten vollzogene kognitiv-kommunikative Technik, die kulturell bedingt auf jeweils ganz verschiedene Art und Weise funktioniert"[6]. Die Sprache sei als universelles Medium, besonders auch für die Speicherung von historischem Wissen, allgegenwärtig und unabkömmlich, da alles in der Sprache ausgedrückt, wahrgenommen und verändert werde. Denn „Ohne Sprache ließen sich die Grenzen unmittelbarer sinnlicher Erfahrung nicht transzendieren, Veränderungen und historischer Wandel, und damit Geschichte, würden erst gar nicht wahrgenommen"[7]. Erinnerungen hätten beispielsweise kein Medium zum Erhalt und wären deshalb in der Gegenwart nicht mehr präsent. Außerdem stünde dem Individuum kein Medium zur metasprachlichen Reflexion zur Verfügung, wodurch der Begriff Geschichte per se nicht mehr verständlich wäre. Explizit stellt Handro die Sprachlichkeit des Geschichtsunterrichtes als die Sprachen der Gegenwart und Vergangenheit heraus, die es durch die Sprachlichkeit einer schriftlichen Quelleninterpretation und des Unterrichts- gespräches im Geschichtsunterricht zu ergründen gilt.[8]

Historisches Lernen basiert demzufolge stets auf Sprache. In Sprache werden Denken und Handeln reguliert und stehen in Wechselwirkung mit anderen Individuen. Nach Hartung und Handro soll historisches Denken und Lernen daher stets den Sprachaspekt mit einbeziehen. Dazu stellt Hartung die drei Ebenen der

---

6 Hartung, Olaf: Die ›sich ewig wiederholende Arbeit‹ des Geschichtsbewusstseins – Sprache als Medium des historischen Lernens, in: Zeitschrift für Geschichtsdidaktik (2010), Nr. 9, S. 180.
7 Hartung, Die ›sich ewig wiederholende Arbeit‹ des Geschichtsbewusstseins, S. 180.
8 Vgl. Handro, Saskia: Sprache(n) und historisches Lernen. Zur Einführung, in: Zeitschrift für Geschichtsdidaktik 14 (2015), S. 5; Hartung, Die ›sich ewig wiederholende Arbeit‹ des Geschichtsbewusstseins, S. 180, 183.

historischen Quellen, der Darstellungen und der Kommunikation im Unterricht auf.[9]

Hinzu kommt, dass jeder Lerner sein individuelles historisches Begreifen und Lernen durchläuft, wobei vergangene sprachliche Handlungen in die sprachlichen Gedankenkonstruktionen des Individuums als Zeiterfahrung gewandelt werden, die als Narrationen beschrieben werden. Selbige werden durch das Individuum, seine Erfahrungen, sein sprachliches Register und Idiom maßgeblich beeinflusst. Historisches Verstehen sei stets in Form eines sprachlich-interpretativen Prozesses an die sprachliche Leistung des Individuums gekoppelt, welche die Fähigkeit zur Narration beeinflusst. Sprachkompetenz ist demnach Grundlage des Geschichts-lernens. Aufgrund dessen sind sprachliches und fachliches Lernen nicht voneinander zu trennen.[10]

Historisches Lernen ist nach Schörken die Ausbildung von Geschichtsbewusstsein unter Hinzunahme von persönlichen Hintergründen. Der Begriff Geschichts-bewusstsein wird seit den 1970ern als Terminus genutzt und hat seine Anfänge bei Karl-Ernst Jeismann, der unter Geschichtsbewusstsein sämtliche Vorstellungen zur Vergangenheit in einer Gesellschaft zusammenfasst. Diese Definition ist zwar weitreichend, hat aber zur Umstrukturierung historischen Lernens als Beschäftigung mit Geschichte beigetragen. Hans-Jürgen Pandel erweitert den Begriff des Geschichtsbewusstseins um die entwicklungspsychologische Ebene, als mentale Struktur mit emotionaler Prägung. Rüsen beschreibt hingegen Geschichtsbewusstsein als mentale Operation mit der Definition der Sinnbildung durch Zeiterfahrung.[11]

---

9 Vgl. Handro, Sprache(n) und historisches Lernen, S. 5; Hartung, Die ›sich ewig wiederholende Arbeit‹ des Geschichtsbewusstseins, S. 184f.
10 Vgl. Handro, Sprache(n) und historisches Lernen, S. 6, 13; Hartung, Die ›sich ewig wiederholende Arbeit‹ des Geschichtsbewusstseins, S. 186f.
11 Vgl. Baumgärtner, Wegweiser Geschichtsdidaktik, S. 31-40; Barricelli, Michael: Narrative Kompetenz als Ziel des Geschichtsunterrichts, in: Handro, Saskia/ Schönemann, Bernd (Hg.): Methoden geschichtsdidaktischer Forschung, Münster 2002, S. 73; Pandel, Hans-Jürgen: Historisches Erzählen. Narrativität im Geschichtsunterricht (Methoden Historischen Lernens), Schwalbach/Ts. 2010, S. 25; Schörken, Rolf: Historische Imagination und Geschichtsdidaktik, Paderborn/München 1994, S. 132; Völkel, Wie kann man Geschichte lehren?, S. 195.

Pandel stellt sieben Dimensionen des Geschichtsbewusstseins heraus. Dazu zählen das Zeitbewusstsein, Wirklichkeitsbewusstsein, Historizitätsbewusstsein, Identitätsbewusstsein, das politisch-historische Bewusstsein, ein ökonomisch-soziales Bewusstsein und das moralische Bewusstsein. Die Förderung dieser Dimensionen soll dem Geschichtsbewusstsein zuträglich sein. Dieses existiere unabhängig vom Vorhandensein historischen Wissens. Geschichtsbewusstsein sei nämlich auch eine sozial-politische Orientierung im Wandel gesellschaftlicher Prozesse.[12]

Dabei ist im Besonderen zu klären, was es ausmacht, dass sich historisches Denken mit dem beschäftigt, was einmal war, jedoch schon vergangen ist. Historisches Lernen unter Ausbildung von Geschichtsbewusstsein ist für den Geschichtsunterricht essentiell, da SuS und LehrerInnen sich mit vergangenen Ereignissen und historischen Prozessen beschäftigen. Historisches Lernen ist als Erweiterung des Erfahrungshorizontes der LernerInnen zu verstehen, wobei die Grenzen der eigenen Erfahrung durch historische Erfahrung ergänzt und überschritten werden. Geschichte fungiert dabei als sekundärer Erfahrungsraum. Die Funktion des Geschichtsbewusstseins ist nach Schörken die Erweiterung und Verstärkung von Wahrnehmung.[13]

Im Kontext dieser Arbeit stellt sich zudem die Frage nach der Verbindung von Jugendliteratur und historischem Lernen im Geschichtsunterricht. Insbesondere sollte das historische Denken und Lernen im Geschichtsunterricht praktiziert werden. Wie in keinem anderen Unterrichtsfach wird durch Nachdenken über Zeit und zeitlich – historische Prozesse historisches Denken und Lernen gestärkt. Dabei spielt die Narration als Medium eine bedeutende Rolle. Geschichtsunterricht, somit auch historisches Lernen, wird durch das Erzählen erst ermöglicht. Diesem Schritt geht jedoch die Erinnerungsarbeit des Geschichtsbewusstseins voraus. Demnach ist auf Rüsen und Pandel aufbauend historisches Lernen Sinnbildung über Zeiterfahrung im Modus historischen Erzählens. Auf

---

12 Vgl. Pandel, Hans-Jürgen: Dimensionen des Geschichtsbewusstseins – Ein Versuch, seine Struktur für Empirie und Pragmatik diskutierbar zu machen, in: Geschichtsdidaktik 12 (1987), Nr. 2 , S. 133-138, 141.
13 Vgl. Schörken, Historische Imagination und Geschichtsdidaktik, S. 117-133.

Grundlage der anderen geschichtstheoretischen und -didaktischen Grundlagen, lässt sich diese Definition noch erweitern. Historisches Lernen ist also die produktive, eigen-sinnige Aneignung vergangener Wirklichkeiten als selbst erzählte und selbst imaginierte Geschichte.[14]

Die Umsetzung des historischen Lernens im Geschichtsunterricht gestaltet sich jedoch nicht immer einheitlich und nach neuesten Erkenntnissen. Wie Braas es herausstellt, werde historisches Lernen zuweilen immer noch als Denkstil, nicht als aktives Nachsinnen über Vergangenes gewertet. Die Verwendung von Jugendliteratur schaffe dabei durch Imagination anregenden Elemente und Identifikationsfiguren sowie durch ihre erzählende Handlung besonderen Einfluss auf historisches Denken und Lernen zu nehmen.[15]

2.2. Konstruktivismus

Der Begriff Konstruktivismus oder auch Konstruktivität beschreibt ein Erklärungsmodell zum Wissensaufbau. Es handelt sich dabei nicht um ein interdisziplinäres Paradigma, sondern um ein Konzept, das in verschiedensten Bereichen der Wissenschaften wurzelt. Aufgrund dieser Vielfältigkeit existiere kein einheitliches konstruktivistisches Konzept. Außerdem bestehe eine Schwierigkeit darin, dass der Begriff bereits in der Kunst und Architektur der Sowjetunion Anfang des 20. Jahrhunderts sowie in der Philosophie auftritt. Watzlawick legt daher mehr Wert auf die Begrifflichkeit der Wirklichkeitsforschung. Der Konstruktivismus beschreibe nämlich, dass das, was als Wirklichkeit bezeichnet werde, letztlich subjektiv in den Köpfen von Individuen konstruiert sei. Im weiteren Verlauf wird dennoch der Begriff Konstruktivismus verwendet, da Historiker wie Pandel und Völkel diesen verwenden.[16]

---

14 Vgl. Braas, Bianca: Historisches Lernen mit Kinderbüchern, in: Bergmann, Klaus/ Rohrbach, Rita (Hg.): Kinder entdecken Geschichte. Theorie und Praxis historischen Lernens in der Grundschule und im frühen Geschichtsunterricht, Schwalbach 2001, S. 135; Pandel, Historisches Erzählen, S. 25; Völkel, Wie kann man Geschichte lehren?, S. 195.

15 Vgl. Braas, Historisches Lernen mit Kinderbüchern, S. 135.

16 Vgl. Klaßen, Konstruktivismus „macht" Schule, S. 9; Pandel, Historisches Erzählen, S. 85;

Das Erklärungsmodell gibt an, dass ein Individuum stets alles aus seiner Umwelt gefiltert kognitiv verarbeite, also dekonstruiere bzw. nach Watzlawick seine eigene subjektive Wirklichkeit erfinde. Nach von Glaserfeld werde ihm so viables, also funktionsfähiges, Handeln ermöglicht. In einem weiteren Schritt, nämlich beim Aufschreiben des Verarbeiteten, konstruiere das Individuum erneut, sodass sich ein Wechselspiel von De-Konstruieren und Konstruieren im Sinne eines Konstruktivismus abzeichnet. Zusammenfassend bezeichnet Konstruktivismus ein Erklärungsmodell zum Wissensaufbau, das sich für das Individuum jeweils als viabel und geeignet erweist.[17]

Dabei handelt der Mensch stets auf Basis seines Erfahrungsschatzes, seiner Vorstellungsmuster und seines sozialen Umfeldes, folglich nur in seiner subjektiven Erfahrungswirklichkeit. Selbst akademische Historiker können sich der Subjektivität nicht entziehen, trotz Anwendung von hermeneutischen Mitteln zur Quellenbearbeitung. Pandel stellt die Distanzierung des Historikers von sich selbst bei einer Quellenbearbeitung als problematisch heraus, weicht jedoch nicht vom Primat des Wahrheitsgehaltes ab. Sei jedoch davon ausgegangen, dass stets die subjektive Erfahrungswirklichkeit Einfluss auf den Quellenbeobachter hat, ist die Wirklichkeit im Sinne des Konstruktivismus demnach allein vom Beobachter abhängig, der stets subjektiv denkt und handelt. Daraus lässt sich schlussfolgern, dass die Wirklichkeit aus konstruktivistischer Perspektive stets subjektiv ist, weshalb Abstand von Wahrheitsansprüchen genommen und zu Möglichkeiten hingeführt werden muss.[18]

Konstruktivismus erklärt folglich Geschichte zum subjektiven Gedanken-konstrukt. Vergangene Ereignisse werden nämlich stets von den Individuen subjektiv wahrgenommen und verarbeitet, wobei sie kontinuierlich konstruiert werden. Das Resultat daraus wie Tagebücher, Literatur etc. wird als Geschichte

---

Völkel, Wie kann man Geschichte lehren?, S. 17ff.

17 Vgl. de Haan/ Rülcker, Der Konstruktivismus als Grundlage für die Pädagogik, S. 28-33; Klaßen, Konstruktivismus „macht" Schule, S. 9f; Völkel, Wie kann man Geschichte lehren?, S. 17f.

18 Vgl. Klaßen, Konstruktivismus „macht" Schule, S. 9f; Pandel, Historisches Erzählen, S. 25; Schörken, Historische Imagination und Geschichtsdidaktik, S. 17ff.

bezeichnet. Folglich sind Geschichten ebenfalls subjektive Gedankenkonstrukte, die Geschichtsschreibung per se konstruiert. Hierbei sei eine Distanzierung von dualistischen Denkmustern wie gut/böse, wahr/falsch und entweder/oder zu beachten. Dadurch, dass subjektive Gedankenkonstrukte Geschichten sind, werden Denkmuster relativiert und somit Möglichkeiten und alternative Wirklichkeiten geschaffen.[19]

Dieser Hang zur Relativierung wird dem Konstruktivismus vorgeworfen, wodurch die Theorien auch keine ethischen Maßstäbe verfolge. Hierfür liefert Völkel zugleich die Lösung in Form des Begriffes Kontingenz statt Relativismus. Dieser ermögliche zeit- und kulturspezifische ethnische Aussagen.[20]

Für diese Arbeit ist die Bewertung des konstruktivistischen Begriffes essentiell, da dessen Nutzung zur Klärung der Frage um den Einsatz historischer und phantastischer Jugendliteratur im Geschichtsunterricht beitragen kann. Es gibt jedoch nur wenige Publikationen zum Konstruktivismus, die sich spezifisch auf den Geschichtsunterricht beziehen, meist nur den Sachkundeunterricht der Grundschule, obwohl doch Konstruktivismus an Prinzipien der aktuellen Geschichts-didaktik anschließt. Völkel jedoch legt einen Grundstein für die Auseinandersetzung von Konstruktivismus mit der Geschichtsdidaktik. Die Didaktik der Geschichte erlebe einen Wandel, sobald Geschichte als Konstrukt von Individuen auf zeitlicher Ebene gegenwärtigen Erlebens beschrieben werde. Dadurch, dass durch das Subjektive eine objektive Auseinandersetzung mit der Geschichte ausgeschlossen werde, gebe es im schulischen Kontext auch keine objektiven Lernerträge. Der zu vermittelnde Unterrichtsstoff basiere demnach auf einem kulturbezogenen Konsens, der nicht nur zukunftsfähig machen, sondern den SuS auch Raum und Freiräume zum individuellen und selbstbestimmten Lernen durch offene Lernwege, Förderung intrinsischer Motivation der SuS und

---

19 Vgl. de Haan/ Rülcker, Der Konstruktivismus als Grundlage für die Pädagogik, S. 52-55, 101-110; Klaßen, Konstruktivismus „macht" Schule, S. 11, 266; Pandel, Historisches Erzählen, S. 85f; Völkel, Wie kann man Geschichte lehren?, S. 20; White, Hayden: The Question of Narrative in Contemporary Historical Theory, in: History and Theory 23 (1984), Nr. 1, S. 33.
20 Vgl. Völkel, Wie kann man Geschichte lehren?, S. 20.

reflektierten sowie offenen Sprachgebrauch ermöglichen solle. Auf diese Weise soll es jedem SuS ermöglicht werden, eigenes historisches Wissen und individuelles Geschichtsbewusstsein anhand seiner jeweiligen Erfahrungswelt subjektiv aufzubauen, verstehend zu lernen, um eine eigene historische Identität zu schaffen. Dabei werden die geschaffenen Konstrukte der SuS im Diskurs gleichwertig im Lernprozess nebeneinander gestellt.[21]

So lässt sich in den konstruktivistischen Theorien vor allem die SchülerInnen-orientierung und die Anknüpfung an das Vorwissen der SuS finden, denn nach Klaßen schließen sich Wissenschafts- und Kindorientierung untereinander nicht aus. Im Gegenteil bedingen sie einander, wenn die Wissenschaftsorientierung sich an den kindlichen Konstruktionen orientiert, daher an die Vorverständnisse der Kinder anknüpft, und diese 'sinn-voll' weiterführt. Dies gelinge am besten durch selbstständiges und selbstbestimmtes Lernen der Kinder und Jugendlichen unter Einsatz offener Unterrichtsformen mit Wochenplanunterricht und freier Arbeit.[22]

Augenmerk ist innerhalb der Geschichtsdidaktik in Bezug auf den Konstruktivismus darauf zu legen, dass Wissen nicht von Kopf zu Kopf auf dieselbe Weise übertragen werde, sondern im Kopf des Individuums auf Basis des Erfahrungsschatzes stets aktiv selbst erschaffen werden müsse. So entfalte sich der Sinn des Textes in jedem Individuum unterschiedlich. Hieraus lässt sich folgern, dass es keine definitiven Wahrheiten gibt, sondern stets Alternativen bestehen, die es zu berücksichtigen gilt. Auf diese Weise sei in Anknüpfung an die hermeneutische Philosophie eine permanente Reflexionsbereitschaft gewähr-leistet, die dem wissenschaftlichen Diskurs zuträglich sei.[23]

Die konstruktivistische Geschichtsdidaktik orientiert sich laut Völkel am Leitbild der Pluralität und sieht Geschichtsbewusstsein als eine Art viables Zeitdriften an.

---

21 Vgl. Völkel, Wie kann man Geschichte lehren?, S. 21f, 71, 75f, 195f; van Norden, Was machst du für Geschichten?, S. 150, 159.
22 Vgl. Klaßen, Konstruktivismus „macht" Schule, S. 186, 270; van Norden, Was machst du für Geschichten, S. 159.
23 Vgl. Klaßen, Konstruktivismus „macht" Schule, S. 186; Völkel, Wie kann man Geschichte lehren?, S. 19; Sauer, Michael: Historische Kinder- und Jugendliteratur, in: Geschichte lernen Heft 71 (1999), Nr. 12, S. 24, 226.

Aufgrund des Kontingenzgedankens bestehe jedoch Interesse am Irritationsfaktor, wodurch gesellschaftlicher Wandel offen gehalten werden könne. Zudem ist eine konstruktivistische Geschichtsdidaktik integrierend, da sie in der pluralistischen Gesellschaft an Probleme anknüpft, die epochentypisch sind. Außerdem ist die konstruktivistische Geschichtsdidaktik von subjektiven und erfahrungsorientierten Charakter, da sie auf den Fragen und Problemen der SuS auf Basis ihres Erfahrungsschatzes aufbaue, der um eine historische Dimension erweitert werden soll. Die SuS stehen demnach im Fokus der konstruktivistischen Geschichtsdidaktik und sollen mit Hilfe von Selbstbestimmung zum individuellen historischen Lernen gebracht werden und sich ihres eigenen Standpunktes bewusst werden. Dieser solle im Sinne der Interaktivität kontingent erfahrbar gemacht werden. Hierzu seien offene Lernräume essentiell. Van Norden stellt außerdem explizit die historische Narration in den Fokus als Kern einer konstruktivistischen Geschichtsdidaktik.[24]

Die LehrerInnenausbildung müsse im Anschluss an diese Überlegen und als Folge in äquivalenter Form zu den Ausführungen über konstruktivistischen Geschichtsunterricht geändert werden. Auch den Lehrkräften müssten subjekt-orientiert Selbstbestimmung und Freiräume eingeräumt sowie Anschlusslernen ermöglicht werden, damit sie ein eigenes Verständnis zu Fachinhalten und ein eigenes Rollenverständnis entwickeln. Zudem sollen sie für den Kontingenz-gedanken sensibilisiert werden und die SuS sensibilisieren können. Völkel stellt drei Paradigmen für ein Gelingen auf. Zuerst solle so viel konstruiert werden wie möglich, dann gebe es keine Rekonstruktion um ihrer selbst willen und zuletzt bestehe Konstruktion nur im Zusammenhang mit Irritationen.[25]

Für den Geschichtsunterricht ist das konstruktivistische Konzept von Bedeutung, da das Lesen stets ein konstruktivistischer Prozess ist, der die Aufnahme, Imagination und Irritation durch ein Individuum beinhaltet, egal ob eine

---

24 Vgl. Völkel, Wie kann man Geschichte lehren?, S. 226f; van Norden, Was machst du für Geschichten?, S. 77.
25 Vgl. Völkel, Wie kann man Geschichte lehren?, S. 227f.

historische Quelle oder Literatur gelesen wird. Dies beschreibt auch Hans-Dieter Stöver, Autor historischer Jugendbücher, treffend, indem wir stets Denken, Tun und Handeln von Individuen durch die Brille unserer eigenen Erfahrungen betrachten. Demnach ist auf Grundlage des Konstruktivismus die Nutzung von Literatur, spezifischer Jugendliteratur, im Geschichtsunterricht nicht auszuschließen.[26]

2.3. Narrativität und Historische Imagination

Um die Möglichkeit der Nutzung von Jugendliteratur im Geschichtsunterricht zu beleuchten, ist es essentiell auf den Begriff der Imagination mit Bezug auf die historische Narration einzugehen, da es sich in der Literatur stets um Geschichten bzw. Erzählungen handelt, die im bestimmten Maße auf Kreativität, Vorstellungskraft und somit mehr oder minder kreativen Denkmustern und Vorstellungsbildern basieren. Nach Lorenz ist in diesem Fall jedoch zwischen historischen Erzählungen mit Grundlage in geschehener Vergangenheit und fiktionaler Literatur zu unterschieden. Hierbei ist zu klären, ob die Geschichten in den literarischen Werken ausreichend realen Charakter und Anknüpfungspunkte für die LeserInnen besitzen. Dies wird im Laufe der Arbeit sowohl für die historische als auch für die phantastische Jugendliteratur analysiert.[27]

Bereits Historiker haben laut Schörken, der sich an den französischen Philosophen Paul Ricoeur anlehnt, Refiguration, die Vorstellung und imaginäre Neugestaltung vergangener Ereignisse zur Aufgabe. Imagination schaffe die Grundlage für Geschichte, für das Erzählen. Die Imagination der SuS werde in der Literatur durch unterschiedliche Erzählperspektiven, psychologisch ausgefeilte Figuren und

---

26 Vgl. Holbach, Rudolf: Benjamin Blümchen als Ritter. Das Mittelalter im Kinder- und Jugendbuch, Oldenburg 2004, S. 4; Reiche, Dietlof/ Stöver, Hans-Dieter: Werkstattbericht. Geschichten aus der Geschichte, in: Geschichte Lernen Heft 71 (1999), Nr. 12, S. 9; Veit, Georg: Von der Imagination zur Irritation, in: Geschichte lernen 9 (1996), Nr. 52, S. 9-12.

27 Vgl. Lorenz, Chris: Kann Geschichte wahr sein?. Zu den narrativen Geschichtsphilosophien von Hayden White und Frank Ankersmit, in: Schröter, Jens/ Eddelbüttel, Antje (Hg.): Konstruktion von Wirklichkeit. Beiträge aus geschichtstheoretischer, philosophischer und theologischer Perspektive, Berlin/ New York 2004, S. 54; Schörken, Historische Imagination und Geschichtsdidaktik, S. 34-52.

authentische Helden als Anknüpfungspunkte angeregt.[28]

Die Basis für Imagination ist die Sprache. Ohne Sprache, was hier an die Ausführungen in Kapitel 2.1. anknüpft, gibt es folglich keine Geschichte, da die Geschichte in Sprache mit ihrer gesellschafts-, erkenntnis- und praxisstiftenden Funktion Ausdruck findet, wie es Hartung nach Konrad Ehlich ausführt. Die Sprache als Medium bedinge nicht nur das Lernen per se, sondern auch das Historische Lernen im Besonderen, da alles in Sprache geformt und durch sie dargestellt werde, so auch historische Ereignisse und Vernetzungen. Sie trage außerdem in einem zweiten Schritt zum Enkulturationsprozess des Individuums, demnach dessen Eingliederung in die jeweils eigene Kultur, bei.[29]

Für den Unterricht ist dies von Bedeutung, um der immer noch vorherrschenden Nutzung eines fragend-entwickelnde Unterrichtsgesprächs entgegenzuwirken und einen handlungs- sowie problemorientierten Unterricht zu fördern. Zu diesem Zweck müsse den SuS der Umgang mit kulturellen Bedeutungen komplexer Zeichensysteme näher gebracht werden, da diese nur „im sprachlich-narrativen Zusammenhang ihre jeweiligen Sinn offenbaren"[30].[31]

So obliegt es den SuS mittels der Sprache zu de- und rekonstruieren, historisch zu erzählen, dieses dann zu deuten, zu bewerten und Resultate aus der Narration zu ziehen. Die Kreativität, die die SuS dabei freisetzen, ist die Imagination. Diese ist bei jedem Individuum anders. Durch diese Schritte werde ein kommunikatives Bedeutungslernen ermöglicht. Dieses wiederum trägt durch Erkennen der historischen Zusammenhänge und dem Ausbau der kognitiven Fähigkeiten der SuS zum historischen Lernen bei. Nach Veit müsse das Element der Imagination beim historischen Lernen jedoch noch um einen weiteren Aspekt erweitert werden. Veit nennt die Irritation als didaktischen Zweitschritt, wie bereits Schörken zuvor, der

---

28 Vgl. Hartung, Die ›sich ewig wiederholende Arbeit‹ des Geschichtsbewusstseins, S. 181, 187f; Sauer, Historische Kinder- und Jugendliteratur, S. 21; Schörken, Historische Imagination und Geschichtsdidaktik, S. 56f, 78.
29 Vgl. Hartung, Die ›sich ewig wiederholende Arbeit‹ des Geschichtsbewusstseins, S. 181, 187f; Sauer, Historische Kinder- und Jugendliteratur, S. 21; Schörken, Historische Imagination und Geschichtsdidaktik, S. 56f, 78.
30 Hartung, Die ›sich ewig wiederholende Arbeit‹ des Geschichtsbewusstseins, S. 190.
31 Vgl. ebd., S. 189f.

seine Theorie auf Ricoeurs „Unvertrautmachen" bezog, in noch abgeschwächter Bedeutsamkeit. Die Imagination helfe beim Verstehen, die Irritation hingegen wirke einem unreflektierten Umgang mit Literatur entgegen. Dies bewirke sie, indem die Irritation den Lesern durch Konfrontation mit Unbekanntem Anstoß für Verunsicherungen gebe und somit Fragen und Probleme aufwerfe, die die LeserInnen daraufhin zu analysieren, historisch zu beurteilen und reflektieren hätten im Zuge des historischen Lernens.[32]

Die historische Narration ist daher ein Element des Historischen Lernens. Durch das Erzählen wird aus Zeit Sinn gemacht. Somit ist Erzählen nach Rüsen Sinnbildung über Zeiterfahrung. Historische Narration ist folglich unter Bezugnahme auf Sprache die Erklärung historischen Wandels durch Nutzung fachspezifischen Sprachwissens zum Ziel der eigenen Sprachhandlung, für die die SuS im Geschichtsunterricht befähigt werden sollen. Dabei soll das Hauptaugenmerk auf den Voraussetzungen, Methoden und Verwendungsweisen der Narration selbst liegen, die die Geschichtserzählung selbst zum Gegenstand des Geschichtsunterrichtes machen. Nach Pandel hat die historische Erzählung zudem Retrospektivität, Temporalität, Selektivität, Konstruktivität und Partialität als Merkmale.[33]

Die historische Erzählung als Medium im Geschichtsunterricht wurde vor allem zu belehrenden und Nationalbewusstsein stiftenden Zwecken genutzt. Seit den 1970ern hat die Erzählung scharfe Kritik erfahren, da sie laut Riesenberger eine eigene Welt schaffe, die sich einem kritischen Geschichtsunterricht entziehe. Ab den 1990er wandelte sich die Meinung zum Einsatz von historischer Jugendliteratur im Geschichtsunterricht allmählich. Dass die Narration und somit auch die historische Erzählung Teil des historischen Lernens ist, wurde erst jüngst im

---

32 Vgl. ebd., S. 190; Schörken, Historische Imagination und Geschichtsdidaktik, S. 23, 110f, 135f; Veit, Von der Imagination zur Irritation, S. 9-12; von Reeken, Dietmar: Das historische Jugendbuch, in: Pandel, Hans-Jürgen / Schneider, Gerhard (Hg.): Handbuch Medien im Geschichtsunterricht, Schwalbach 1999, S. 70f.

33 Vgl. Barricelli, Michael: Schüler erzählen Geschichte. Narrative Kompetenz im Geschichtsunterricht, Schwalbach/Ts. 2005, S. 64, 68, 273; Handro, Sprache(n) und historisches Lernen, S.12; Pandel, Historisches Erzählen, S. 75-89; Völkel, Wie kann man Geschichte lehren?, S. 195. Narration und Erzählung werden im Rahmen der Arbeit synonym genutzt.

neuen Jahrhundert als eine Grundkenntnis in der Geschichtsdidaktik festgelegt. Schörken führte bereits in den 1990ern aus, dass auch die Geschichtsschreibung eigene Welten schaffe, somit imaginiert und de-/konstruiert sei, womit ein Anstoß für die neuen Theorien erfolgen konnte.[34]

Besonders Hayden White sorgte mit der These 'Auch Klio dichtet' für Aufruhr und Provokation in der Geschichtswissenschaft, da er sich damit gegen das Wahrheitsdiktum innerhalb der Geschichtsschreibung stellt und den großen Stellenwert von Fiktion hervorhebt. Dabei hebt er die Überschneidungspunkte von fiktionaler Literatur und von Geschichtsschreibung hervor, wobei auch die Historiographie eine Art Fiktionsbildung in Form von Imagination und Konstruktion zusätzlich zu historischen Fakten sei, sobald dem Historiker Lücken in seiner Arbeit entstünden. Allein die Perspektive, die der Historiker für seine Erzählung benutze, sei schon Teil des Fiktionsprozesses. Dabei stehen die drei Verfahrensschritte narrative Konfiguration, Einbildungskraft und Refiguration, in denen sich der Historiker nicht vom Literaten unterscheide, im Fokus.[35]

Da es beim historischen Sinnbilden um das Erzählen geht, zählt auch das literarische Erzählen mit hinein. Ein passendes Maß an Möglichkeiten und Alternativen sollte ausschlaggebend sein für die Auswahl geeigneter Jugendliteratur, um historisches Lernen zu fördern. Außerdem sollten geschichtstheoretische und -didaktische Grundlagen, die folgend in diesem Kapitel vorgestellt werden, in die Werke einbezogen werden.[36]

Für die erfolgreiche Anwendung von Imagination und Narration durch die SuS im Geschichtsunterricht müsse den SuS der Aufbau von Kompetenzen ermöglicht werden, um verstehend-kritisch mit den vorliegenden Materialien umgehen zu können. Die sich aus dem Konzept der Narrativität ergebende narrative Kompetenz sei dabei die Fähigkeit der SuS, sinnvoll mit erzählter und zu

---

34 Vgl. Barricelli, Schüler erzählen Geschichte, S 65; Schörken, Historische Imagination und Geschichtsdidaktik, S. 117-120, 136.
35 Vgl. Pandel, Historisches Erzählen, S. 96f; White, Hayden: Auch Klio dichtet, oder, Die Fiktion des Faktischen. Studien zur Tropologie des historischen Diskurses, Stuttgart 1986, S. 102-122, 145-160.
36 Vgl. Pandel, Historisches Erzählen, S. 25.

erzählender Geschichte umzugehen. Zu diesem Zwecke sei eine *common sense*-Sprache des Geschichtsunterrichtes nötig, um Wirkung wie Imagination zu erreichen. Der Kompetenzaufbau soll zum Ziel haben, dass die SuS nicht lediglich Meinungen und Perspektiven unreflektiert übernehmen. Zudem müsse bei der historischen Narration besonders auf den Aspekt der Multiperspektivität als wichtiger Bestandteil historischen Lernens geachtet werden, welche im Folgenden näher ausgeführt wird.[37]

2.4. Multiperspektivität

Multiperspektivität ist ein von Bergmann entwickeltes Grundprinzip der Geschichtsdidaktik und des historischen Lernens. Sie beschreibt eine Darstellung der Geschichte aus mindestens zwei historisch differenten Perspektiven, wobei unterschiedliche Standpunkte geäußert werden. Historische Zeugnisse sind stets subjektiv, somit perspektivisch. Deshalb ist es nach Rox-Helmer für die Rekonstruktion historischer Geschehnisse essentiell, diese historischen Zeugnisse im Hinblick auf ihre Perspektivität zu analysieren und zu vergleichen. Zweck dessen ist, dass die SuS erforschen sollen, weshalb und wie andere Individuen spezifische Einschätzungen entwickelt haben. Infolgedessen und wie bereits unter dem 2.2. erläutert, kann es nicht nur die eine Wahrheit geben, sondern stets nur unterschiedliche Impressionen und Sinnbildungen. Diese seien in der Folge als Geschichte zu bezeichnen. Im Geschichtsunterricht erfolgt Multiperspektivität durch die Nutzung von mindestens zwei unterschiedlichen Texten zu einem Thema. Dabei sollen SuS vergleichen und gleichzeitig Lesekompetenz erwerben.[38] An die Multiperspektivität sind im schulischen Kontext Pluralität und Selbstreflexion gekoppelt. Bergmann verdeutlicht, dass, wenn Multiperspektivität angesprochen und festgestellt wird, sich vielfältige Deutungen und Beurteilungen

---

37 Vgl. Barricelli, Narrative Kompetenz, S. 73, 76; Schörken, Historische Imagination und Geschichtsdidaktik, S. 126f.
38 Vgl. Rox-Helmer, Lesen im Geschichtsunterricht, S. 197; Senatsverwaltung für Bildung, Jugend und Sport Berlin/ Ministerium für Bildung, Jugend und Sport Land Brandenburg, Teil B Fächerübergreifende Kompetenzentwicklung, Berlin/Potsdam 2015, S. 7.

von SuS anschließen. Diese pluralen Äußerungen der SuS gilt es anschließend zu reflektieren, was vor allem die Selbstreflexion anspricht. Diese sollte durch die Lehrkraft angeleitet werden und zur Erweiterung der Perspektiven der SuS beitragen. Ziel des multiperspektivischen Unterrichtes ist somit die Perspektivenerweiterung. Auf diese Weise werden die Fähigkeiten zum Fremd- und Selbstverstehen sowie die Deutungskompetenz gefördert.[39]

Die Perspektivenerweiterung entstehe durch Verstehen, dass alle Wahrnehmungen und Deutungen Konstrukte sind. Diese Konstrukte gilt es durch die SuS jeweilig zu rekonstruieren. Für die Geschichtsdidaktik lasse sich nach Völkel daraus folgern, dass historische Sachverhalte nur dann relevant sind, wenn sie Bedeutsamkeit für die SuS haben und problemorientiert sind.[40]

Für den Einsatz von Jugendliteratur im Geschichtsunterricht ist Multiperspektivität als Analysekriterium von Bedeutung. Erst, wenn Probleme und Sachverhalte mit unterschiedlichen Sichtweisen beleuchtet werden, erhalten sie Relevanz und können zum Fremd- und Selbstverstehen, zur Perspektiverweiterung, Kompetenzförderung und zum historischen Lernen beitragen.[41]

2.5. Personifizierung

Im Rahmen der historischen Literatur wurden früher bedeutende Persönlichkeiten genutzt und personifiziert, um historische Sachverhalte zu lehren. Dies war meist gekoppelt mit moralischer Erziehung. Die Nutzung der Perspektive bekannter Persönlichkeiten ist jedoch nicht multiperspektiv und trägt zu einseitigem Lernen und somit nicht zum heutigen Geschichtslernen bei.[42]

Die Perspektive in der historischen Literatur hat sich gewandelt, besonders in der historischen Jugendliteratur. Bergmann führte die didaktisch nutzbare Mittel der Personifizierung ein, die sich in den historischen Jugendbüchern durchgesetzt hat.

---

39 Vgl. Bergmann, Klaus: Multiperspektivität, in: Mayer, Ulrich/ Pandel, Hans-Jürgen / Schneider, Gerhard (Hg.): Handbuch Methoden im Geschichtsunterricht, Schwalbach/Ts.² 2007, S. 75f; Völkel, Wie kann man Geschichte lehren?, S. 197f.
40 Vgl. Bergmann, Multiperspektivität, S. 76; Völkel, Wie kann man Geschichte lehren?, S. 197.
41 Vgl. Bergmann, Multiperspektivität, S. 75f; Völkel, Wie kann man Geschichte lehren?, S. 197f.
42 Vgl. Rox-Helmer, Jugendbücher im Geschichtsunterricht, S. 36f.

Geschichtliche Prozesse werden nun anhand von Personen des historischen Alltags verdeutlicht, die als Identifikationsfiguren für die SuS dienen können, demnach Personen einer spezifischen gesellschaftlichen Gruppe in ihrem Alter sind. Die Personifizierung sei dabei ein wichtiges Element für den Geschichtsunterricht, da SuS durch sie einen spezifischen historischen Alltag sekundär erfahren und dabei die Emotionen der Menschen zu dieser Zeit empathisch nachvollziehen können.[43]

2.6. Emotionen und SuS-Interessen

Emotionen haben bis zum Ende des 20. Jahrhunderts hin wenig Gesprächsstoff innerhalb der Geschichtsdidaktik erfahren, da aus Ermangelung mit Emotionen im historischen Diskurs Kognition über Emotionalität gestellt worden ist. Dilthey, der eine Diskussion zum Thema Emotionen beim Geschichtslernen angeregt hat, fand wenig Anklang mit seinen Theorien. Lediglich von Borries und Schörken knüpften an Diltheys Überlegungen bei ihren Aufstellungen zur Imagination beim Geschichtslernen an, die stets emotionalen Anteil habe, da Emotionen überhistorisch und allen Menschen auf der Welt gemeinsam seien. Auch die Tagung »Emotionen und Historisches Lernen« im Jahr 1991 und daraus resultierende Tagungsbände schafften es noch nicht, Emotionalität als Kategorie in die Geschichtsdidaktik zu integrieren. Vereinzelt fanden Emotionen als Grundlage für historisches Lernen jedoch Einzug in geschichtsdidaktische Überlegungen wie bei Reese, der seine Überlegungen auf historische Kinder- und Jugendbücher als Vermittler für Emotionen richtet. Erst zur Wende zum 21. Jahrhundert entsteht ein erweiterter Diskurs bezüglich Emotionen, der jüngst mit einem Buch von Juliane Brauer und Martin Lücke das Thema wieder zur Diskussion stellt.[44]

---

43 Vgl. ebd..
44 Vgl. Brauer, Juliane/ Lücke, Martin: Emotionen, Geschichte und historisches Lernen. Einführende Überlegungen, in: Brauer, Juliane/ Lücke, Martin (Hg.): Emotionen, Geschichte und historisches Lernen. Geschichtsdidaktische und geschichtskulturelle Perspektiven, Göttingen 2013, S. 14-16; Reese, Armin: Unkontrolliert — aber beeinflußbar?. Das historische Kinder- und Jugendbuch als Vermittlungsinstanz für Emotionen, in: Mütter, Bernd/ Uffelmann,

Emotionen sind essentielle Eigenschaften des Menschen und Bestandteil der Geschichtskultur. Sie sind Gegenstand des historischen Lernens und gleichzeitig Teil des Lernprozesses, so auch im Geschichtsunterricht. Emotionen dienen daher als Anknüpfungspunkte, als Bekanntes für die Leser. Da die Gefühle universell sind, so auch bei SuS, sind eine schnelle annähernde Identifikation und Empathie möglich, die zum Fremdverstehen mit dem/der EmotionsträgerIn beitragen können. Dabei ist es wichtig zu betonen, dass es sich nur um eine Annäherung an die Emotionen von Menschen aus anderen Zeiten handeln kann. Emotionen sind deshalb auch als Medien geeignet, um SuS Zeit und deren Prozesse sowie ihren Wandeln zu verdeutlichen und so zum historischen Lernen beizutragen. Dabei sind Emotionen nicht als das wichtigste Element zum Geschichtslernen zu verstehen, sondern sind in Kombination mit den zuvor genannten Grundlagen einzusetzen und stehen in Wechselwirkung mit Kognition. Besonders die Sprache stehe laut Reese in Wechselwirkung mit den Emotionen. Sprache ermögliche es erst, zu fühlen und Gefühle auch mitzuteilen. Aus diesem Grund eignet sich das Sprachmedium Jugendliteratur als Vermittler von Narrationen, bei denen die LeserInnen an Emotionen als Bekanntes anknüpfen können, um im Anschluss Kompetenzen auszubilden und historisch zu lernen.[45]

Doch nicht nur die Emotionen, sondern auch die Interessen der SuS sind von großer Bedeutung, besonders bei der Auswahl des Unterrichtsmaterials. Aufgrund der Interessenvarietät ist nach Klose und Beetz eine Inhaltsdifferenzierung erforderlich, um nicht nur historisches Lernen, sondern auch die Entwicklung und Individualität der SuS zu fördern. Besonders bei Stations- und Gruppenarbeit sowie nach frei wählbaren Themen lasse sich eine große Bandbreite des Interesses von SuS erzielen.[46]

Uwe (Hg.): Emotionen und historisches Lernen. Forschung–Vermittlung–Rezeption, Studien zur internationalen Schulbuchforschung. Schriftenreihe des Georg-Eckert-Instituts 76, Hannover 1996, S. 181-189; Schörken, Historische Imagination und Geschichtsdidaktik, S. 12f, 23, 112.

45 Vgl. Brauer/ Lücke, Emotionen, S. 11-14, 18; Reese, Unkontrolliert — aber beeinflußbar?, S. 182, 187, 189; Schörken, Historische Imagination und Geschichtsdidaktik, S. 112.

46 Vgl. Klose, Dagmar/ Beetz, Petra (Hg.): Klios Kinder werden flügge?. Geschichtslernen im Jugendalter. Eine entwicklungspsychologisch orientierte, konstruktivistische Didaktik der

Durch Interesse am Lesestoff wie der Jugendliteratur wird Motivation bei den LeserInnen hervorgerufen. Motivation ist ein essentieller Punkt für die Stiftung von Lesegenuss. Der Spaß am Lesen trägt zur besseren Aufmerksamkeit, Aufnahmefähigkeit von Informationen und in der Folge zur im Rahmenlehrplan geforderten und erwünschten Ausbildung von Kompetenzen des Geschichtsunterrichts und der Lesekompetenz bei.[47]

2.7. Alltagsgeschichte

Die Alltagsgeschichte ist ein weiterer Bezugspunkt für die SuS, um sich in der Jugendliteratur zurecht und Anknüpfungspunkte in dieser zu finden. SuS können in der Alltagsgeschichte „Denk- und Verhaltensweisen von Menschen, ihre Auseinandersetzungen mit den kulturell vorherrschenden Rollen, Normen und Symbolen, ebenso die sozialen Beziehungen, die Netzwerke, Strukturen und Ordnungsgefüge, aber auch die Handlungsspielräume und Strategien mit ihren Alternativen"[48] entdecken und diese durch Rekonstruktion in ihren Köpfen imaginieren, was zum historischen Lernen der SuS beiträgt.[49]

Die Identifikationsfiguren aus alltagsgeschichtlicher Perspektive sind Personen aus den unteren Schichten oder der Mittelschicht und Figuren aus Randgruppen. Damit schließt sich die Alltagsgeschichte an die Sozialgeschichte an. Besonders in

Geschichte, Hamburg 2005, S. 37, 71, 234.

47 Vgl. Kaulen, Heinrich: Wunder und Wirklichkeit. Zur Definition, Funktionsvielfalt und Gattungsgeschichte phantastischer Kinder-und Jugendliteratur, in: Julit. Informationen des Arbeitskreises für Jugendliteratur 30 (2004), Nr. 1, S. 18f; Mikota, Fantastische Jugendliteratur in der Schule, S. 4; Senatsverwaltung für Bildung, Jugend und Sport Berlin/ Ministerium für Bildung, Jugend und Sport Land Brandenburg, Fächerübergreifende Kompetenzentwicklung, S. 7; Senatsverwaltung für Bildung, Jugend und Sport Berlin/ Ministerium für Bildung, Jugend und Sport Land Brandenburg, Teil C Geschichte Jahrgangsstufen 7-10, Berlin/Potsdam 2015, S. 4-20; Senatsverwaltung für Bildung, Jugend und Sport Berlin/ Ministerium für Bildung, Jugend und Sport Land Brandenburg, Teil C Gesellschaftswissenschaften Jahrgangsstufen 5/6, Berlin/Potsdam 2015, S. 3-22.

48 Haumann, Heiko: Chancen und Probleme der Alltags- und Regionalgeschichte am Beispiel der Grenzregion Oberrhein, in Eisen, Markus/ Neisen, Robert (Hg.): Region und Grenze. Die Bedeutung der Grenze für die Geschichte Südbadens in der Zwischenkriegszeit, Freiburg 2013, S. 68.

49 Vgl. Haumann, Chancen und Probleme der Alltags- und Regionalgeschichte, S. 68; Holbach, Benjamin Blümchen als Ritter, S. 12.

den letzten Jahrzehnten gingen auch die Autoren von Jugendliteratur dazu über, ihre Figuren im Alltag anzusiedeln und somit eine Identifikation durch die Leser zu ermöglichen.[50]

---

50 Vgl. Holbach, Benjamin Blümchen als Ritter, S. 23.

3. Historische Jugendliteratur und Geschichtsunterricht

3.1. Definition und Entwicklung

Historische Jugendliteratur bezeichnet Literatur, in der Themen aus einer nahen oder fernen Vergangenheit für Jugendliche in einer Erzählung behandelt werden und geschichtliche Ereignisse aus Quellen zur Grundlage haben. Das Medium der historischen Jugendliteratur ist das historische Jugendbuch. Das Wort historisch steht dabei im Rahmen der Allgemeinsprache und bezeichnet nach Rox-Helmer, dass zeitlich distanziert ein Thema der Vergangenheit behandelt wird.[51]

Das historische Jugendbuch ist vom historischen Sachbuch zu unterscheiden. Das historische Sachbuch enthält im Gegensatz zum historischen Jugendbuch keine fiktiven Elemente. Außerdem setzt es vermehrt auf Visualisierung. Das historische Jugendbuch hingegen enthält wenig bis gar keine Bildmaterialien. Die Inhalte des historischen Jugendbuches sollen von den jugendlichen Lesern imaginiert werden und so zum historischen Lernen beitragen.[52]

Das historische Jugendbuch hat im deutschen Sprachraum seine Anfänge in der Zeit der Aufklärung (18. Jh.), in der sich mit Ausprägung und Verwirklichung der Kindheit das Jugendbuch per se entwickelt hat. Die Entwicklung des historischen Jugendbuches ging im 19. Jahrhundert rasch durch Implementierung von Helden, Märchen und Sagen voran, sodass aus Sachdarstellungen Narrationen entwickelt wurden. Diese hatten Vorbildcharakter und sollten durch frühgeschichtlichen Diskurs für Belehrungen und Nationalbewusstsein sorgen. Bis in die 1950er hielt sich die ideologische Funktion von historischer Jugendliteratur. Mit den 1960ern trat eine Wende ein, in der nun auch zeitgeschichtliche Themen behandelt wurden. Ab den 1970ern wurde das historische Jugendbuch auch Gegenstand der geschichtsdidaktischen Forschung, in der die Geschichtsdidaktik sich als eigenständige Wissenschaft konstituierte. Mit Einzug der Alltagsgeschichte fanden auch Multiperspektivität, das Konzept des Gegenwartsbezuges und zeit-

---

51 Vgl. Pandel, Historisches Erzählen, S. 102; Rox-Helmer, Jugendbücher im Geschichtsunterricht, S. 12f; von Reeken, Das historische Jugendbuch, S. 69.
52 Vgl. Rox-Helmer, Jugendbücher im Geschichtsunterricht, S. 14.

liche Brüche Einzug in die historische Jugendliteratur.[53]

3.2. Relevanz für den Geschichtsunterricht

Schon Pandel stellt den Wert von Belletristik für den Geschichtsunterricht heraus. Allein da Belletristik besteht und weil sie ein Teil unserer Geschichtskultur ist, ist sie legitimiert, im Geschichtsunterricht behandelt zu werden. Das Jugendbuch stellt nach Pandel einen adressatenspezifischen Typus dar, jedoch seien dieser Gattung, wie dem Rest der Belletristik, historische Referenz, temporale Differenz und fiktionale Devianz gemeinsam.[54]

Jugendliteratur wird bisher im Geschichtsunterricht wenig genutzt oder in fächerübergreifendem Unterricht mit dem Unterrichtsfach Deutsch. Obwohl die Arbeit mit dem ganzen historischen Jugendbuch am lohnendsten wäre, fehlt den Lehrkräften meist die Zeit und das Buchkontingent, sodass es nur in Teilen genutzt wird. Grund dafür ist u.a., dass nur ein bis drei Unterrichtsstunden für das Fach Geschichte pro Woche zur Verfügung stehen. Weitere Bedenken beziehen sich laut Rox-Helmer, die sich intensiv mit historischen Jugendbüchern in ihrem Werk beschäftigt hat, auf freies Fabulieren, vermeintliches Suggerieren historischer Eindeutigkeit, der Vortäuschung vergangener Realität, das Fehlen von Abstand zur Subjektivität und Fiktionalität der Erzählung und ihren durch Personalisierung geförderten manipulierenden Charakter.[55]

Besonders das vermeintliche Fehlen von Authentizität und Fakten veranlasst LehrerInnen, historische Jugendliteratur nicht im Unterricht zu nutzen. Sauer jedoch stellt bereits früh fest, dass beide „dieselben klassischen Methodenrezepte" besitzen, weshalb Quellen und Literatur per se auf den gleichen Grundlagen basieren. Zudem herrscht Kritik daran, dass SuS die Erzählungen als Realität

---

53 Vgl. von Glasenapp, Gabriele: "Was ist Historie? Mit Historie will man was". Geschichts-darstellungen in der neueren Kinder- und Jugendliteratur, in: von Glasenapp, Gabriele/ Wilkending, Gisela (Hg): Geschichte und Geschichten, Frankfurt (Main) 2005, S. 23; von Reeken, Das historische Jugendbuch, S. 72ff.
54 Vgl. Pandel, Historisches Erzählen, S. 109.
55 Vgl. Rox-Helmer, Jugendbücher im Geschichtsunterricht, S. 16f, 19; Veit, Georg: Historische Jugendliteratur, in: Bergmann u.a. (Hg.): Handbuch der Geschichtsdidaktik, Seelze-Velber 1997, S. 444ff.

verstehen könnten. Als Lösung dafür soll den SuS geeignetes Handwerkszeug an die Hand gegeben und vermittelt werden. Sie sollen zwischen historischen Möglichkeiten, Fiktion und Wahrscheinlichkeiten unterscheiden können. Zu diesem Zwecke müsse laut Pandel durch die SuS Gattungskompetenz aufgebaut werden, sodass sowohl Geschichts- als auch Fiktionsmerkmale im historischen Jugendbuch von den SuS gedeutet werden können.[56]

Ein weiterer Kritikpunkt ist der Umfang und die Komplexität der historischen Jugendbücher im Verhältnis zur geringen Unterrichtszeit und die vorausgehende lange Bearbeitungszeit durch die Lehrkraft. Zur Lösung für dieses Problem liegen Empfehlungen sowie Rezensionen in den Zeitschriften *„Geschichte lernen"* und *„Praxis Geschichte"* und fertige Unterrichtsreihen, Unterrichtsmodelle, besonders zu historischen Jugendbüchern vor, die adaptiert und von der Lehrkraft genutzt werden können. Hier sind v.a. die Literaturliste „Historische Jugendbücher" im fächerübergreifenden Unterricht des Landesverbandes Hessen in Kooperation mit Monika Rox-Helmer, die *„Königs Jugendbuchempfehlungen"* zu historischen Stoffen vom Bange-Verlag sowie der englischsprachige *„A Teacher's Guide"* von Rick Riordan und ein Mini- sowie vollständiges Unterrichtsmodell von Carlsen zu *„Percy Jacksen – Diebe im Olymp"* zu nennen. Dem schließt sich der dtv-Verlag mit Unterrichtsvorschlägen und -modellen an, darunter *„Lesen in der Schule"*. Auch der Arena-Verlag stellt Materialien wie zu Tilman Röhrigs *„In 300 Jahren vielleicht"* zur Verfügung. Hieran zeigt sich, dass für die aufgezeigten Probleme entlastende Lösungen bestehen. Mit dieser Einsicht werde historische Jugendliteratur in den letzten Jahren bereits mehr genutzt. Für eine umfangreiche Bearbeitung historischer Jugendbücher bietet sich eine fächerübergreifende Kooperation an, besonders mit den Fächern Deutsch und Englisch.[57]

---

56 Vgl. Handro, Sprache(n) und historisches Lernen, S. 7; Reese, Unkontrolliert – aber beeinflußbar?, S. 183; Pandel, Historisches Erzählen, S. 112; Rox-Helmer, Jugendbücher im Geschichtsunterricht, S. 16f, Sauer, Historische Kinder- und Jugendliteratur, S. 18; von Reeken, Das historische Jugendbuch, S. 80.

57 Vgl. van Althoff, Christiane/Essenberg, Astrid: Königs Jugendbuchempfehlungen. Historische Stoffe. Lektürevorschläge für den Unterricht, Hollfeld 2007; Handro, Sprache(n) und historisches Lernen, S. 7; Pandel, Historisches Erzählen, S. 94f; Reese, Unkontrolliert — aber beeinflußbar?, S. 183; Rox-Helmer, Jugendbücher im Geschichtsunterricht, S. 16f, Sauer,

Die bisherige Nutzung von historischer Jugendliteratur zeigt sich laut Bergmann sowie Oskamp vorrangig in Form von Literaturlisten für den Freizeitgebrauch der SuS. Aber auch der Vergleich von Textauszügen und die Vorstellung der Lektüre durch Lehrkraft oder SuS finden bereits Anwendung im Unterricht. Es bleibt die Problematik, wie der Einsatz von historischer Jugendliteratur flexibel gestaltet und in einen modernen Geschichtsunterricht integriert werden kann.[58]

Um dieser Frage auf den Grund zu gehen, müssen zuerst die Grundlagen betrachtet werden. Sobald der Mensch nämlich Geschehnisse verarbeitet und reproduziert, ist das Ergebnis als subjektiv zu verstehen. Somit ist sowohl Geschichte als auch Literatur stets subjektiv gefärbt. Die Rezeption dieser subjektiven Konstrukte durch die SuS und deren individuelle, subjektive Re- und Dekonstruktion mithilfe von Imagination trägt im Schritt des Fremdverstehens zur Identitätsbildung der SuS bei. Besondere Funktion nehmen dabei die literarischen Figuren als Handlungsträger und deren Emotionen ein, da sie als Anknüpfung für die SuS fungieren. Das Fremdverstehen werde dabei durch Empathie und Problemdenken, Kritik- und Analysekompetenz durch Irritation gefördert. Zwar sind Figuren stets fiktional, da aber nach den Ausführungen zur konstruktivistischen Theorie Geschichte ebenfalls fiktionalen Charakter besitze, stellt dies keinen Grund dar, Literatur nicht im Unterricht zu nutzen.[59]

Historische Kinder- und Jugendliteratur, S. 18; Veit, Historische Jugendliteratur, S. 444ff; von Reeken, Das historische Jugendbuch, S. 80.

58 Vgl. Bergmann, Klaus (Hg.): Handbuch der Geschichtsdidaktik, Seelze-Velber [5]1997, S. 445f; Rox-Helmer, Jugendbücher im Geschichtsunterricht, S. 14-17; Oskamp, Irmtraud: Jugendliteratur im Lehrerurteil. Historische Aspekte und didaktische Perspektiven, Würzburg 1996, S. 119f; Veit, Historische Jugendliteratur, S. 445; von Reeken, Dietmar: Das historische Jugendbuch, in: Pandel, Hans-Jürgen / Schneider, Gerhard (Hg.): Handbuch Medien im Geschichtsunterricht, Schwalbach 1999, S. 80f.

59 Vgl. de Haan/ Rülcker, Der Konstruktivismus als Grundlage für die Pädagogik, S. 52-55, 101-110; Holbach, Benjamin Blümchen als Ritter, S. 4; Jessen, Barbara/ Zierlinger, Ursula: Historische Jugendbücher im Deutschunterricht. Thesen und Bemerkungen aus literaturdidaktischer Sicht anlässlich des Fachtages Deutsch und Geschichte am 14. September 2010 am Studienseminar für Gymnasien in Gießen, in: Mitteilungen des Deutschen Germanistenverbandes 57 (2010), Nr. 4, S. 449; Klaßen, Konstruktivismus „macht" Schule, S. 11, 266; Mikota, Jana: Literarische Bildung – Figurenanalyse, in: Ideen für den Unterricht. Methoden für Deutschunterricht und Leseförderung. Thema des Monats: Mai 2013, Hamburg 2013, S. 1-3; Reese, Unkontrolliert — aber beeinflußbar?, S. 185; Sauer, Historische Kinder- und Jugendliteratur, S. 19. Bei den Analysekriterien zu den zu untersuchenden Werken wird auf die

Damit die SuS jedoch beim Lesen und Imaginieren nicht von den zahlreichen Emotionen überwältigt werden oder die Identifikation fehlschlägt, fasst Sauer Indikatoren für gutes historisches Erzählen zusammen, die auch Barricelli auflistet. Die SuS sollen befähigt werden, zwischen Realität und Fiktion zu unterscheiden. Dafür sollen Erzählungen triftig, plausibel, passend und durchschaubar sein. Die Abgrenzung zur phantastischen Literatur ist dabei am Faktor der Historizität und historischen Triftigkeit festzumachen. Bei phantastischer Lektüre überwiegen die fiktionalen phantastischen Elemente wie Magie und Mythen.[60]

Historische Jugendliteratur hat außerdem nach Rox-Helmer eine motivierende Funktion für die SuS, da sie leicht verständlich alltägliche Probleme vermittelt, somit Anknüpfungspunkte für die SuS beinhaltet und zudem ein Involviertsein für die LeserInnen ermöglicht, wie es Schörken schon in de 1990ern ausgeführt hat. Dies bezieht sich laut Stöver nicht nur auf innere Spannungen und Emotionen, sondern auch die äußeren Problematiken der Umwelt. Die Literatur hilft demnach, geschichtliche Zusammenhänge verständlich zu machen, Brücken von damals zur heutigen Zeit und umgekehrt zu schlagen, wodurch Transferleistungen ermöglicht werden. Die Fiktion innerhalb der Erzählungen hilft besonders dabei, Alltagssituationen darzustellen, an die die SuS durch ihren Erfahrungsschatz anknüpfen können. Historische Jugendliteratur regt nämlich die Vorstellungskraft an, wobei Emotionen und Personifizierungen als Identifikationsfaktor und Verbindung zwischen Leser und Literatur dienen. Quellenarbeit hingegen ermögliche dieses Schaffen eines Gesamtbildes nicht, da oft Lücken vorhanden sind, die von den SuS schwer gefüllt werden können.[61]

Schörken führt zudem aus, dass das historische Feld um Historiker als Handelnde

---

Funktion von literarischen Figuren Bezug genommen.

60 Vgl. Barricelli, Schüler erzählen Geschichte, S. 64; Reese, Unkontrolliert — aber beeinflußbar?, S. 185; Sauer, Historische Kinder- und Jugendliteratur, S. 19f; Veit, Historische Jugendliteratur, S. 442.

61 Vgl. Georg, Fiktionalität und Geschichtsvermittlung, S. 79; Reiche/ Stöver, Werkstattbericht, S. 9; Pandel, Historisches Erzählen, S. 25, 110; Rox-Helmer, Jugendbücher im Geschichtsunterrich, S. 17ff; Sauer, Michael: In diesem Heft, in: Geschichte Lernen Heft 71 (1999), Nr. 12, S. 3; Schörken, Historische Imagination und Geschichts-didaktik, S. 59.

einem eingeschränkten Handlungsrahmen unterworfen seien, sonst würde es in den Bereich der Fiktion abgleiten. So würden Historiker, wie bereits zuvor schon ausgeführt wurde, ebenfalls Imagination als Medium nutzen, jedoch immer im Bezug auf tatsächlich Ereignisse der Vergangenheit. Das Feld der Literatur hingegen hat Imagination als Hauptmedium, wodurch den LeserInnen zuvor genannte Erlebnisse mit der Literatur und historisches Lernen ermöglicht werden. Die SuS werden nämlich an Fremdes, Neuartiges sowie Unbekanntes oder teilweise Bekanntes angenähert. Dieser Prozess, der beim Lesen entsteht, ist Teil des Lernprozesses im Fach Geschichte, wie Schörken es ausführt. Ähnlich verhalte es sich bei Ricoeurs Ausführungen, der dabei besonderes Gewicht auf den Prozess der Dialektik zwischen Bekanntem und Unbekanntem setzt.[62]

Das Lesen an sich und den Erfahrungsgewinn daraus beschreibt Schörken als einen Prozess, bei dem bisherige Erfahrungen umstrukturiert werden. Bekanntes werde somit mit den neuen Erfahrungen aus den Büchern verflochten und verschmolzen. Der Leseakt stellt daher einen Erfahrungserwerb, einen Kompetenzaufbau, dar, wie er nach dem neuen Rahmenlehrplan für Berlin und Brandenburg, demnach auch im Geschichtsunterricht und fächerübergreifend erworben werden soll.[63]

Zudem setzt historisches Verstehen nach Rox-Helmer, die das Jugendbuch für historisches Lernen zur Diskussion gebracht hat, gute Lesefähigkeiten voraus. Rox-Helmer führt außerdem aus, dass verschiedene Lesarten eine große Rolle im Geschichtsunterricht spielen. Darauf aufbauend wäre der Einsatz von historischer Jugendliteratur als alternatives Medium, nicht als Ersatz für Quellen, im Geschichtsunterricht lohnend.[64]

Dabei sollte die verwendete historische Jugendliteratur allerdings Kriterien der Geschichtsdidaktik erfüllen, um ein kritisches Geschichtsbewusstsein bei den SuS

---

62 Vgl. Pandel, Historisches Erzählen, S. 24; Schörken, Historische Imagination und Geschichtsdidaktik, S. 62, 109f.
63 Vgl. Schörken, Historische Imagination und Geschichtsdidaktik, S. 60; Senatsverwaltung für Bildung, Jugend und Sport Berlin/ Ministerium für Bildung, Jugend und Sport Land Brandenburg, Fächerübergreifende Kompetenzentwicklung, S. 7.
64 Vgl. Rox-Helmer, Lesen im Geschichtsunterricht, S. 183.

zu fördern. Sie sollen nämlich dazu befähigt werden, kritisch über die Veränderbarkeit von Mensch und Umwelt nachdenken und dieses dann auch reflektieren und verbal zu einer Narration formen zu können. Da es sich bei historischer Jugendliteratur per se um Literatur handelt, sind zur Kriterienfindung nicht nur Geschichts-, sondern auch Literaturwissenschaft heranzuziehen. Diese Kriterien werden folgend unter 3.4.1. vorgestellt.[65]

Bei erweitertem Gebrauch der historischen Jugendliteratur im Geschichtsunterricht sind Lehrkräfte bisher auf Methoden aus der Deutschdidaktik ausgewichen. Dabei sollen unter Beibehalt der historischen Triftigkeit produktions- und handlungsorientierte Verfahren zum historischen Lernen beitragen. Nach von Reeken sei dies das Erstellen von möglichen Alternativen, Perspektiv-, Figuren und Identitätswechsel, durch Empathie aus der Denkweise einer Romanfigur heraus eine historische Begebenheit zu beschreiben, innere Monologe zu erstellen, ein Lesetagebuch zu führen, Ich-Hefte, Zeitungsartikel und Wandzeitungen zu erstellen, Rollenspiele szenisch zu spielen und das historische Ereignis zeitlich zu transformieren für die Ausbildung des Geschichtsbewusstseins ergiebig. Braas hat weitere Fördermöglichkeiten ausgearbeitet. Das Zeitbewusstsein lasse sich mithilfe von Zeitleisten, in die das Buch historisch zugeordnet werde, fördern. Die Untersuchung der Informationen, Figuren und Handlungen im Buch auf ihre Echtheit und Passgenauigkeit hin trage nicht nur zum Wirklichkeitsbewusstsein bei, sondern bildet die SuS in Hermeneutik. Das politische Bewusstsein lasse sich durch Vergleiche damaliger und heutiger gesellschaftlicher und politischer Verhältnisse ausbilden. Kreative Methoden tragen zudem zur Empathieförderung und Perspektivübernahme bei, die dem historischen Lernen ebenfalls zuträglich sind. Hierzu zählen nach Braas, neben dem Rollenspiel, dass die SuS szenisch lesen, Theaterstücke und Steckbriefe entwickeln, Comics oder Bilder entwerfen, Collagen anfertigen sowie

---

65 Vgl. Reese, Unkontrolliert — aber beeinflußbar?, S. 186; Jessen/ Zierlinger, Historische Jugendbücher im Deutschunterricht, S. 450.

Nebenhandlungen und Vorgeschichten zu der Lektüre kreieren.[66]

Rox-Helmer stellt in ihrem Buch zahlreiche Möglichkeiten für den Einsatz von Jugendliteratur im Geschichtsunterricht vor, die den Unterricht begleitend oder vorbereitend durchgeführt werden sollen. Zu den Einsatzmöglichkeiten zählt sie handlungsorientierte Textausschnittbearbeitungen, das Durchführen einer Lesenacht oder eines Lesenachmittags, die Einführung einer Bücherkiste, SuS durch Jugendliteratur auf Zeitzeugeninterviews vorzubereiten, das Entwerfen eines Buchlexikons sowie einer Zeitleiste, welche als Orientierung in der Zeit anhand der historischen Ereignisse im Zusammenhang mit der Handlung im Roman dienen soll. Weitere Vorschläge sind das Verfassen einer Rezension nach dem Lesen der Jugendliteratur, das Jugendbuch als historische Quelle zu analysieren und einen historischen Spaziergang durchzuführen.[67]

Diese methodischen Möglichkeiten hinzuziehend, ließe sich ein handlungs- und produktionsorientierter Unterricht gestalten. Dies wäre für den Geschichtsunterricht förderlich, da die SuS als LernerInnen aktiv handeln und somit besser historisch lernen könnten. Sauer gibt als mögliche Operatoren handlungs- und produktionsorientierten Unterrichts mit historischer Jugendliteratur an, Texte zu referieren, zu ergänzen und umzuschreiben oder Erzählungen durch die SuS schreiben zu lassen. Braas betont zudem das Einbeziehen der SuS in den Auswahlprozess der Bücher. Auf diese Weise seien die Unterschiede unter den und die Interessen der SuS mit eingebunden. Zudem ist ein fächerübergreifender Unterricht mit dem Fach Deutsch denkbar, da die Nutzung des historischen Jugendbuches für dieses Fach bereits besser erschlossen ist und es im Fach Deutsch bereits genutzt wird.[68]

---

66 Vgl. Braas, Historisches Lernen mit Kinderbüchern, S. 135-140; Jessen/ Zierlinger, Historische Jugendbücher im Deutschunterricht, S. 450; Haas, Gerhard: Handlungs- und produktionsorientierter Literaturunterricht. Theorie und Praxis eines ›anderen‹ Literaturunterrichts für die Primar- und Sekundarstufe, Seelze [10]2013, S. 152-191; Reese, Unkontrolliert — aber beeinflußbar?, S. 182; Sauer, Historische Kinder- und Jugendliteratur, S. 24; von Reeken, Das historische Jugendbuch, S. 72, 79ff.

67 Vgl. Rox-Helmer, Lesen im Geschichtsunterricht, S. 48, 67-71, 80-176.

68 Vgl. Braas, Historisches Lernen mit Kinderbüchern, Geschichtsunterricht, S. 135; Haas, Handlungs- und produktionsorientierter Literaturunterricht, S. 152-191; Klose/ Beetz, Klios

Aus genannten Gründen ist der Einsatz von Jugendliteratur, besonders der historischen Jugendliteratur, als ergänzendes Medium im Geschichtsunterricht durch die grundlegenden Gemeinsamkeiten und da die Vorteile überwiegen zu befürworten. Dafür sprechen sich unter genannten Bedingungen Braas, von Reeken, Rox-Helmer und Reese aus. In diesem Zusammenhang ist jedoch das Problem der eindeutigen Fiktionalität von Jugendliteratur näher zu betrachten, was im Kapitel 3.3. vorgenommen wird.[69]

Im digitalen Zeitalter und dem Fortschritt der Nutzung digitaler Medien zu Unterrichtszwecken sei an dieser Stelle erwähnt, dass sowohl Bücher als auch gleichermaßen E-Books zur Leseförderung und historischem Lernen beitragen können. Beide haben Vor- und Nachteile nach Preis, Augenverträglichkeit, Gewicht und weiteren Aspekten. Somit sollte die Wahl des Buchmediums den SuS und ihren Eltern frei stehen. In diesem Zusammenhang könnte gemeinsam mit den Eltern und der örtlichen Bibliothek, falls vorhanden, eine Kooperation angestrebt und den SuS die Bibliotheksnutzung mit dem Hintergrund der Leseförderung näher gebracht werden.

Im Zusammenhang mit der Betrachtung des Mediums Buches soll zuletzt gezeigt werden, warum im Zeitalter der Medien Bild, Film, Digitales und Internet, Bücher genutzt werden sollten und warum im Geschichtsunterricht. Schörken stellt heraus, dass im Zusammenhang mit der Imagination als Faktor für historisches Lernen das Wort eine führende Rolle spiele, da auf diese Weise der Vergegenwärtigungsakt geschaffen werde und somit die Imaginationsfähigkeit gefördert und nicht durch Vorgabe wie beim Medium Bild und Film eingeschränkt werde. Allein die Förderung der Imagination von SuS, die durch die Nutzung von Wörtern beim Lesen und Zuhören von Narrationen, somit auch Literatur, angeregt werde, legitimiert schon die Nutzung von Literatur im Geschichtsunterricht, denn

---

Kinder werden flügge?, S. 35; Sauer, Historische Kinder- und Jugendliteratur, S. 24.
69 Vgl. Reese, Unkontrolliert — aber beeinflußbar?, S. 182; Rox-Helmer, Jugendbücher im Geschichtsunterricht, S. 17-20; von Reeken, Das historische Jugendbuch, S. 79ff.

„[o]hne Imagination keine Geschichte, ohne die Sprache keine Imagination!"[70].[71]

3.3. Fakt, Fiktion und Wirklichkeit

Die Problematik um Fakt und Fiktion ist ein Hauptproblem der Geschichtstheorie, wie es schon Lorenz und von Reeken herausstellen. Fakten seien dabei von Ereignissen abzugrenzen und als begrifflich konzeptuelle Vorstellung zu begreifen, da jegliche Faktenbestimmung von den vorhandenen Begrifflichkeiten abhängig sei. Um aber überhaupt eine Tatsache bestimmen zu können, sei konzeptuelles Wissen erforderlich. So konstruieren auch Historiker auf Basis plausibler und historisch triftiger Möglichkeiten über die Quellenlage hinaus, um Leerstellen im Quellenmaterial auszufüllen. Eine Beschreibung und Bestimmung von Fakt, Fiktion und Wirklichkeit sei stets diskutabel, da die Grenzen fließend seien und es immer auf die Grundlagen und Umstände der Beschäftigung mit diesem Thema ankomme. Demnach ist ein Resultat daraus, die Geschichtsschreibung ebenfalls als Diskussion ohne Ende zu bezeichnen.[72]

In dieser Arbeit stellt sich im Wirken von Fakt, Fiktion und Wirklichkeit außerdem die Frage, wo Literatur die Geschichte berührt. Die Grenze von Fakt und Fiktionalität ist fließend. Auf Basis der Definition von Fakten als begrifflich konzeptuelle Vorstellung ist ein Fakt subjektiv und relativ, da er im Kopf des Individuums konstruiert wird. Somit existiert ein Fakt an sich nicht. Der Fakt ist per se ein vom Menschen mental fingiertes Konstrukt, also im Bereich der Fiktion angesiedelt. Aufgrund dessen besteht auf Basis des radikalen Konstruktivismus Realität lediglich als Konstrukt. Darin kann es keine *eine* Wirklichkeit geben, denn „alles wird erfunden"[73] in kooperativer Konstruktion mit anderen Individuen.[74]

---

70 Schörken, Historische Imagination und Geschichtsdidaktik, S. 116.
71 Vgl. ebd., S. 116, 125.
72 Vgl. Lorenz, Kann Geschichte wahr sein?, S. 17, 19f, 34; Sauer, Historische Kinder- und Jugendliteratur, S. 21; von Reeken, Das historische Jugendbuch, S. 69.
73 Terhart, Ewald: Konstruktivismus und Unterricht. Gibt es einen neuen Ansatz in der Allgemeinen Didaktik?, in: Zeitschrift für Pädagogik 45 (1999), Nr. 5, S. 632.
74 Vgl. Lorenz, Kann Geschichte wahr sein?, S. 19f; Sauer, Historische Kinder- und Jugend-literatur, S. 21; Terhart, Konstruktivismus und Unterricht, S. 631f.

Es bleibt zu klären, ob die subjektiven Geschichtsbilder des Autors, die automatisch in sein Werk einfließen, negative Auswirkungen haben und wie diesen entgegengewirkt werden könnten. An diesem Punkt ist die Nutzung hermeneutischer Werkzeuge wie bei der den SuS bekannten Quellenbehandlung nötig, um einer unreflektierten Übernahme von Gedankengut durch die SuS entgegenzuwirken und das Problem zu behandeln. Durch Aneignung dieser Methode haben die SuS zudem Werkzeuge gewonnen, um Inhalte aus ihrer Freizeitlektüre zu reflektieren.

Bei einem Diskurs von Fakt und Fiktion ist außerdem zu hinterfragen, inwieweit in der historischen Jugendliteratur Lebensbedingungen damaliger Zeit dargestellt werden können. Hierbei ist hervorzuheben, dass nicht die Faktentreue im Vordergrund stehe, sondern nach Rossi die Förderung der Identitätsbildungen der SuS. Ein Problem sei dabei, dass die Protagonisten der historischen Jugendbücher von den SuS als reale Persönlichkeiten angesehen werden könnten. Um diesem Phänomen entgegenzuwirken, schlägt Rossi vor, dass die SuS befähigt werden, zwischen Literatur und der eigenen Realität zu unterscheiden. Hierzu soll ein Kompetenzaufbau erfolgen, der den Anforderungen des Geschichtsunterrichts entspricht. Hierzu zählen nach dem neuen Rahmenlehrplan für Berlin und Brandenburg die Kompetenzen Deuten, Analysieren, Methoden anwenden, Urteilen und sich Orientieren, Darstellen und historisch Erzählen.[75]

Besonders Hayden White steht mit seiner These 'Auch Klio dichtet' gegen das Wahrheitsdiktum der Geschichtsschreibung ein und sieht in der Geschichtswissenschaft eher eine Kunst als eine Wissenschaft, deren Ausbildung zum Historiker leicht zu bewältigen sei. Die einzige Legitimierung eines Diskurses mit historischen Fragestellungen sei nach White die Entwicklung von Perspektiven und spezifische Lösungen für Probleme der Gegenwart durch die Beschäftigung mit Vergangenem. Ziel ist es, durch die Beschäftigung mit Geschichte, aus der

---

75 Vgl. Rossi, Melanie: Das Mittelalter in Romanen für Jugendliche. Historische Jugendliteratur und Identitätsbildung, Nr. 64, Frankfurt am Main 2010, S. 71f; Senatsverwaltung für Bildung, Jugend und Sport Berlin/ Ministerium für Bildung, Jugend und Sport Land Brandenburg, Teil C Geschichte, S. 4f.

Vergangenheit zu lernen und diese zu interpretieren, um künftige Probleme lösen zu können. Nach White ist Fiktion sowohl der fiktionaler Literatur als auch der Historiographie gemeinsam. Der Historiker fingiere, sobald semantische Leerstellen in seiner Arbeit entstünden sowie bei der Auswahl des Materials und der Perspektive seiner Erzählung. Die Grenze zum literarischen Erzählen beim historischen Sinnbilden ist nicht näher bestimmbar.[76]

Selbst Pandel führt in seinen Theorien aus, dass Erzählen als sinnbildende Zeiterfahrung auffassbar sei. Hierbei betont Pandel, dass kein Unterschied zwischen dem auf Erinnerungen beruhenden Alltagswelterzählens und an Quellen gebundener professioneller Geschichtsschreibung bestünde und selbst Prosaformen narrative Strukturen aufwiesen. Pandel sieht die Leser befähigt, zwischen Wahrheit und Fiktion anhand ihres ausgeprägten Geschichts-bewusstseins zu unterschieden. Problematisch ist dabei jedoch zu sehen, dass das Geschichtsbewusstsein erst einmal ausgeprägt sein muss, demnach zuvor gefördert gewesen sein müsste. Das Hauptkriterium für Erzählen als sinnbildende Zeiterfahrung sieht Pandel darin, dass vergangene Ereignisse in einer Erzählung in einen sinnvollen Zusammenhang gebracht werden, somit sinnbildend sind. Pandel sieht in einer solchen historischen Erzählung jedoch stets den Aspekt des Wahrheitsanspruches, von dem in dieser Arbeit Abstand genommen wird zugunsten von historischen Möglichkeiten nach der Konstruktivismustheorie.[77]

Sollte eine theoretische Grenze vom historischen zum literarischen Erzählen gezogen werden müssen, so wären der Grad der Fiktion und das Abweichen von historischen Ereignissen in den Bereich der Phantasie ein Anhaltspunkt. Die Historische Triftigkeit kennzeichnet dabei als Merkmal die historischen Narration. Demnach sollen die Aussagen im Roman mit den durch Quellen nachweisbaren historischen Ereignissen übereinstimmen, ergo kohärent sein. Die Darstellung von Möglichkeiten, möglichen historischen Wendungen und Ereignissen, kann als

---

76 Vgl. Pandel, Historisches Erzählen, S. 96f, 106; Völkel, Wie kann man Geschichte lehren?, S. 141-144; White, Auch Klio dichtet, S. 102-122, 145-160.
77 Vgl. de Haan/ Rülcker, Der Konstruktivismus als Grundlage für die Pädagogik, S. 52-55, 101-110; Pandel, Historisches Erzählen, S. 25, 28f.

Markierung den Übergang zum Bereich der Fiktion anzeigen. Die Geschichten in den Werken historischer Jugendliteratur besitzen daher ausreichend realen, von Möglichkeiten geprägten, Charakter für die SuS selbst, die sich die Realität imaginieren. Dass die Geschichtsvermittlung, die an geschichtsdidaktische Anforderungen geknüpft ist, durch literarische, fiktionale Geschichtsdarstellungen möglich und vereinbar ist, stellt Georg auch als Ergebnis in ihrer Dissertation fest. Daher ist die Fiktionalität kein Ausschlusskriterium für das historische Lernen.[78]

3.4. Beispielhafte Werkanalysen nach Epochen

3.4.1 Analysekriterien

Ab den Jahrgangsstufen 5 und 6 sei es nach Klose und Beetz möglich, Grundlagen wie die narrative Kompetenz zu setzen, um das Denken in Möglichkeiten, Perspektiven und abstrakten Begriffen zu fördern. In der Primarstufe bestehe noch eine Absolutheit der Urteilsbildung mit unkritischer Meinungsübernahme, Idealisierung und geringer Selbstreflexion, die es durch diesen Fähigkeits- und Kompetenzaufbau zu überwinden gilt, um auch in höheren Jahrgangsstufen historisches Lernen zu gewährleisten. Demnach wird bereits im Geschichts-unterricht der Grundschule die Basis für künftiges historisches Lernen und Entwicklungsförderung der SuS geschaffen. Diesem sollte bei der Auswahl des konkreten, anschaulichen und interessendifferenzierenden Unterrichtsmaterials Beachtung beigemessen werden. Das Material sollte zur Förderung genannter Denkfähigkeiten, sowie zum kritischen Denken, zur Selbstständigkeit und Persönlichkeitsentwicklung dienen, um den SuS narratives Verstehen als kreatives und interpretatives Konstruieren sowie historisches Erzählen zu ermöglichen.[79]

Barricelli legt dar, dass SuS der Jahrgangsstufe 9 historisch erzählen können. Somit sollten sie bis dahin narrative Kompetenz aufgebaut haben, sodass sie durch Wahrnehmen historischer Sachverhalte im Rahmen ihrer Kompetenzen und ihres

---

78 Vgl. Georg, Fiktionalität und Geschichtsvermittlung, S. 227; Pandel, Historisches Erzählen, S. 103f.

79 Vgl. Barricelli, Schüler erzählen Geschichte, S. 275; Klose/ Beetz, Klios Kinder werden flügge?, S. 35ff, 71.

Erfahrungsschatzes sinnhafte und bedeutungsvolle Narrationen erstellen können. Diese beinhalten strukturell meist die von Hayden White in seiner Erzähltheorie dargelegten Plotstrukturen und literarischen Gestaltungsmittel. Dieser betont, wie prägnant die Bedeutung der Literatur für den historischen Diskurs und somit auch für den Geschichtsunterricht sei. Zudem sticht in Whites Theorien die Ähnlichkeit von Fiktion, Literatur und Geschichte hervor, aus denen sich ein reflektierter Umgang mit Fiktionalität schließen lasse.[80]

Zunächst geben Pandels sieben Dimensionen des Geschichtsbewusstseins Anhaltspunkte für die Analyse der historischen Jugendbücher, da das individuelle Geschichtsbewusstsein der SuS als Ziel des Historischen Lernens gefördert werden soll. Es ist also zu untersuchen, ob die sieben Dimensionen des Geschichtsbewusstseins in den Werken angesprochen werden. Pandel unter-gliedert das Geschichtsbewusstsein in Zeit-, Wirklichkeits-, Historizitäts-, Identitäts-, politisch-historisches, ökonomisch-soziales und moralisches Bewusst-sein.[81]

Da es sich um Literatur handelt, sollen zudem Analysekriterien für geeignete historische Jugendliteratur aufgezeigt werden. Diese sind nach Mikota, Pandel, Rox-Helmer, Sauer und von Reeken zusammengetragen. Die Werke sollen darauf untersucht werden, ob sie zum Lesegenuss beitragen und zum Weiterlesen motivieren, ergo spannend und komisch sind, ob sie multiperspektiv sind, alltägliche Probleme und Emotionen ansprechen und, ob auch die Imagination anregende sowie irritierende Elemente enthalten sind, die Probleme aufwerfen und Fragen anregen. Außerdem ist zu betrachten, ob die Werke in Bezug auf fachliche Qualität explizit historisch triftig sind, wie historische Probleme dargestellt werden und ob Gegenwartsbezug besteht. Diese Elemente sollen, wie in den vorherigen Kapiteln veranschaulicht, zur Sinn- bzw. Vorstellungsbildung und zum historischen Lernen beitragen. Für junge Leser der Jahrgangsstufen 5

---

80 Vgl. Barricelli, Schüler erzählen Geschichte, S. 273-277; White, Auch Klio dichtet, S. 75-78; White, The Question of Narrative in Contemporary Historical Theory, S. 31-33.
81 Vgl. Pandel, Dimensionen des Geschichtsbewusstseins, S. 133-138.

und 6 sowie der Sekundarstufe I ist es außerdem essentiell, darauf zu achten, dass die Texte altersspezifisch, gut lesbar und nicht zu lang sind und somit die SuS nicht überfordern. Die Auswahl der Bücher basiert dabei auf *„Königs Jugendbuchempfehlungen"* und den in der Einleitung genannten Leselisten und Unterrichtsmodellen.[82]

3.4.2. Historische Jugendliteratur zur Alten Geschichte

In diesem Abschnitt werden die Werke *„Verschwörung gegen Hannibal"*, *„Rokal der Steinzeitjäger"*, *„Quintus geht nach Rom"* und *„Die Rache des Gladiators"* auf ihre Tauglichkeit für den Geschichtsunterricht untersucht. Zur Analyse werden die im vorherigen Kapitel aufgeführten Kriterien genutzt. Da der Bereich frühe und alte Geschichte im neuen Rahmenlehrplan für Klasse 5 und 6 vorgesehen ist, beziehen sich die Analysen auf den Entwicklungsstand dieser Altersgruppen, wobei auf Binnendifferenzierung im Rahmen des individuellen und selbstgesteuerten Lernens geachtet wird. Die Reihenfolge der Titel staffelt sich von gänzlicher, über binnendifferenzierte Eignung zur Untauglichkeit.[83]

Die Erzählung *„Verschwörung gegen Hannibal"* handelt von den Freunden Tazirat und Zirdan aus der karthagischen Hauptstadt Cartagena, die den jugendlichen LeserInnen als Identifikationsfiguren dienen können und im Zentrum der Handlung als Detektive sind. Sie stammen beide aus einer unteren Schicht, was einen alltagsgeschichtlichen Ansatz und zwei Perspektiven mit Hinsicht auf Multiperspektivität bietet. Tazirat arbeitet in einer Schenke und

---

82 Vgl. Althoff, /Essenberg, Königs Jugendbuchempfehlungen; Mikota, Jana: Kompetenz: »Vorstellungsbildung«, in: Ideen für den Unterricht. Methoden für Deutschunterricht und Leseförderung. Thema des Monats: August 2013, Hamburg 2013, S. 2f; Rox-Helmer, Jugendbücher im Geschichtsunterricht, S. 53-57; Sauer, Michael: Historische Kinder- und Jugendliteratur, in: Geschichte lernen Heft 71 (1999), Nr. 12, S. 25; von Reeken, Das historische Jugendbuch, S. 77ff; Günther-Arndt, Hilke: Methodik des Geschichtsunterrichts, in: Günther-Arndt, Hilke (Hg.): Geschichts-Didaktik. Praxishandbuch für die Sekundarstufe I und II, Berlin 2003, S. 172f; Oskamp, Jugendliteratur im Lehrerurteil, S. 147ff. Im Folgenden werden die historischen Jugendbücher nach Epochen geordnet. Dies dient lediglich dem Zweck der Übersichtlichkeit und verfolgt kein Diktum der Chronologie im Geschichtsunterricht. Die Angabe des Buchumfanges entspricht im Folgenden der tatsächlichen Anzahl von Textseiten, nicht der des Gesamtbuches.
83 Zur Besseren Übersichtlichkeit werden die Werke im Fettdruck markiert.

Zirdan ist Stallbursche bei Hannibals Elefanten. Die beiden Freunde bemerken einen Überfall, bei dem drei Soldaten ihrer Uniformen beraubt werden, und decken nach und nach auf, dass dieser Überfall nur ein kleines Puzzleteil einer größeren Verschwörung und Hannibal in Gefahr ist.[84]

Bei ihren Untersuchungen und Abenteuern bleiben komische Elemente nicht aus, wie die bis auf die Unterhosen ausgeraubten Soldaten. Spannung wird für die LeserInnen in jedem Kapitel progressiv durch die Abenteuer und Rätsel wie um die Soldaten, denen ihre Uniformen geraubt werden, auf Basis neuer Indizien aufgebaut und regt zum Weiterlesen an. Hier muss betont werden, dass die Rätsel jedoch als W-Fragen formuliert sind wie „Was hat Zirdan entdeckt?"[85] und „Was ist Tazirat aufgefallen?"[86], was der aktuellen Aufgabenformulierung im Geschichtsunterricht entgegen steht, die zu offenen Aufgaben und nach dem neuen Rahmenlehrplan auch zur Problem- und Leitfragenorientierung tendiert. Ein Abenteuer ist z.B. die Verfolgung eines Numiders durch Zirdan auf das Schiff Möwe, wo der Junge sich in der Kapitänskajüte umsieht, dann auch noch vom Kapitän entdeckt wird und dennoch fliehen kann.[87]

Die LeserInnen lernen zudem den historischen Tagesablauf der Kinder kennen. Dabei stehen Familie, Arbeit und Essen im Vordergrund. Zirdan muss sich z.B. um die Elefanten von Hannibals Armee kümmern, so „[beginnt er] wie die anderen Stallburschen mit dem Ausmisten. Anschließend [karren] sie taufrisches Gras heran"[88]. Durch Beschreibung von Alltagsgegenständen wie Tonschalen und Wachstafeln wird das Beschriebene historisch authentisch. Dazu und zur Methodenkompetenz tragen außerdem das Glossar, eine Zeittafel, Zusammenfassungen zu historischen Ereignissen wie den Punischen Kriegen und eine Karte

---

84 Vgl. Lenk, Fabian: Verschwörung gegen Hannibal. Ein Ratekrimi aus der Römerzeit, Bindlach ²2010.

85 Ebd., S. 30.

86 Ebd., S. 41.

87 Vgl. ebd., S. 14-18, 29-34, 41; Senatsverwaltung für Bildung, Jugend und Sport Berlin/ Ministerium für Bildung, Jugend und Sport Land Brandenburg, Teil C Geschichte, S. 25; Senatsverwaltung für Bildung, Jugend und Sport Berlin/ Ministerium für Bildung, Jugend und Sport Land Brandenburg, Teil C Gesellschaftswissenschaften, S. 24.

88 Lenk, Verschwörung gegen Hannibal, S. 22.

von Rom und Karthago zur Zeit der Punischen Kriege bei.[89]

Gegenwartsbezug und Lebensweltbezug wird ermöglicht durch die Einbringung von Obst- und Gemüseständen wie es sie heute noch beim Wochenmarkt gibt, was zu Transferleistungen anregt, und durch die Beschreibung von Problemen. Hierbei handelt es sich um adoleszente Probleme der Figuren, die ihren Pflichten nachkommen sollen und ein Nachspiel erleben, wenn sie die Pflichten nicht erledigen. Zudem können die LeserInnen an Emotionen anknüpfen wie Angst.[90]

Ein weiterer positiver Aspekt ist, dass das Buch lediglich 117 Seiten hat. Die geringe Seitenzahl, kurze Kapitel und der Zielgruppe entsprechende Sprache können besonders bei leseschwachen und SuS mit Migrationshintergrund motivierend wirken, da sie einer Überforderung der SUS entgegen wirken. Außerdem enthält das Werk Illustrationen von Daniel Sohr, die zur Erzählung passend sind und deren Inhalte darstellen, was ein motivierender Faktor sein und durch die Visualisierung dem historischen Lernen zuträglich sein kann. Somit bedient das Buch alle Kriterien für einen Einsatz im Geschichtsunterricht.[91]

Es ist kritisch anzumerken, dass im Buch heutige Begriffe anachronistisch verwendet werden. So wird Zirdan von einem Soldaten abwertend als „Krümel" bezeichnet, was nicht historisch authentisch, sondern auf die Sprachebene der Rezipienten angelegt ist. Da die Authentizität jedoch generell durch den Gebrauch der deutschen Sprache im Gegensatz zum Punischen verloren geht, mag eine Identifizierungsmöglichkeit vor der Authentizität Vorrang haben.[92]

Das historische Jugendbuch *„Rokal der Steinzeitjäger"* handelt auf 106 Seiten vom Jäger Rokal und seinen Abenteuern. Gleich zu Beginn wird mit der Erzählung „Menschen und Tiere schrien. Risse und Spalten klafften auf und Staubwolken verhüllten die Morgendämmerung. Der Feuerberg brach aus."[93]

---

89 Vgl. Lenk, Verschwörung gegen Hannibal, S. 22, 50, 56, 111-119.
90 Vgl. ebd., S. 50, 66-68, 71.
91 Vgl. Baumgärtner, Wegweiser Geschichtsdidaktik, S. 163-192; Lenk, Verschwörung gegen Hannibal.
92 Lenk, Verschwörung gegen Hannibal, S. 85.
93 Lornsen, Dirk: Rokal der Steinzeitjäger, in: Siegle, Rainer/Wolff, Jürgen (Hrg.): Lesehefte für den Literaturunterricht, Nr. 56, Stuttgart ²1990, S. 6.

Spannung und Leselust aufgebaut, da ein naher Vulkan ausbricht. Zudem wird Rokal von einem Wolf angegriffen und weiter verfolgt. Der Geschichte folgen vier Seiten zur Faktizität und Fiktion, bei denen der Autor herausstellt, dass Rokal zwar erfunden ist, aber auf Basis archäologischer Funde und mit Hilfe von Fachliteratur erklärt Lornsen, dass eine Person wie Rokal existiert haben könnte. Daraufhin folgen Fachbuchempfehlungen, die jedoch aufgrund des Alters des Buches heute nicht mehr aktuell sind. Zur Veranschaulichung geschichtlicher Chronologie ist dem Text eine illustrierte Zeitleiste zur Steinzeit nachgestellt.[94]

Das Werk enthält Illustrationen von Harm Paulsen, die das Geschehen durch eine kurze Beschreibung zusätzlich zusammenfassen und veranschaulichen. Sprachlich ist das Buch durch zahlreiche Fachbegriffe, die der Erläuterung steinzeitlicher Praktiken dienen, auf höherem Niveau angesiedelt. Wörter wie 'Stromschnelle', 'Speerschaft', 'Feuerbohrung', 'Harpunenschaft' und 'Windschutz' sind zusammengesetzte Fachwörter und gleichzeitig Stolpersteine für SuS mit Migrationshintergrund. Das Werk sollte deshalb zur Binnendifferenzierung mit DaZ-Material zur Kennzeichnung und Übung für DaZ-SuS versehen oder zur Förderung von SuS mit hoher Sprachkompetenz eingesetzt werden.[95]

Das Buch *„Quintus geht nach Rom"* aus der Quintus-Reihe erzählt aus dem Leben des Jungen Quintus zu Zeiten Caesars, der aus seiner gewohnten Umgebung, dem Bauernhof der Familie in der Nähe von Caere, genommen wird. Da die Familie stark verschuldet ist, gehen sie nach Rom, wo Quintus schnell Freunde und eine Stelle findet sowie einen Komplott aufdeckt, den es zu verhindern gilt.[96]

Die historischen Inhalte sind passend, genau wie die authentischen Beschreibungen der Stadt Rom, die die Imagination der SuS anregen können. Die römische Mythologie ist durch die Einbringung von Tempeln wie für Vesta, Castor und Pollux, Apollo sowie durch die Übernahme griechischer Götter in

---

94 Vgl. Lornsen, Rokal der Steinzeitjäger, S. 5f, 98-101, 103ff.
95 Vgl. ebd., S. 8, 10, 12, 69.
96 Vgl. Stöver, Hans Dieter: Quintus geht nach Rom, München [2]2006.

Handlung und Dialoge eingebaut und trägt so zum historischen Lernen bei. Selbiges gilt für die Einbringung bedeutender römischer Persönlichkeiten wie Cicero und Caesar, von denen Quintus Großvater erzählt.[97]

Es gibt lediglich Quintus als männliche Identifikationsfigur, was dem Konzept der Multiperspektivität und somit auch dem historischen Lernen entgegen steht. Mit 286 Seiten ist das Werk zu lang zum gänzlichen Gebrauch im Geschichtsunterricht. Es bieten sich eher eine Passage an, wie Quintus erster Tag in seiner neuen Arbeitsstätte, der Schreibstube, was im Kapitel „Die Officina" alltagsgeschichtlich erzählt wird. Zudem wird die Spannung zu langsam aufgebaut, als dass es dem Lesevergnügen zuträglich sein könnte. Hinzu kommt, dass ein konservatives, schwaches und uneigenständiges Frauenbild im Werk vermittelt, was bei Nutzung des Werkes im Unterricht problematisiert werden müsste. Die Jungen und Männer sind Hauptprotagonisten, Mädchen und Frauen spielen hingegen eine untergeordnete Rolle und tragen Merkmale von Schwäche, wie Herennia, Quintus' kränkelnde Schwester.[98]

Mit Quintus Umzug, dem Finden neuer Freunde und Familienproblemen zeigen jedoch Emotionen und Alltagsansätze, an die auch die LeserInnen anknüpfen können. Für eine Leseliste und ein Referat darüber wäre das Buch zur Förderung von SuS mit hoher Sprachkompetenz und Durchhaltevermögen beim Lesen als Privatlektüre geeignet, jedoch nicht für den Einsatz. Bei der Privatlektüre von SuS mit hoher Sprachkompetenz könnten Lesetagebücher geführt werden, um der Lesetätigkeit aufgrund des für SuS großen Buchumfangs Übersicht und Struktur zu geben. Dabei wäre eine explizite Auseinandersetzung mit den sozialen Geschlechterrollen ratsam.[99]

Das historische Jugendbuch *„Die Rache des Gladiators"* handelt auf 128 Seiten von dem Jungen Marcus, der Caupona seines Vaters arbeitet, dem neuen und jungen Familiensklaven Argetorix und Caesars Tochter Iulia. Das Werk umfasst

---

97 Vgl. ebd., S. 80, 105-109, 117.
98 Vgl. ebd., S. 138-148.
99 Vgl. ebd., S. 9.

historische Exkurse, die mit Illustrationen von Peter Knorr und Doro Göbel bebildert sind, einen Stadtplan Roms und stellt das Alltagsleben von reichen und armen Römern in Rom historisch passend dar. Dabei werden sowohl der Aufbau römischer Wohnhäuser mit Atrium beschrieben, als auch Götter aus der römischen Mythologie in die Handlung eingewebt wie Fortuna, Ianus Geminus, Juppiter und Venus. Außerdem werden immer wieder vereinzelt Phrasen auf Latein eingeworfen und gleich auf Deutsch dargestellt wie „*Noli lamentari* – hör auf zu jammern!"[100] und „Certe – ja sicher"[101], was zur historischen Authentizität beitragen soll.[102]

Die Handlung zeigt auf, wie ein Gladiator sich an Gaius Iulius Caesar rächen, seine Tochter entführen und den Ädil Caesar somit erpressen will. Marcus und Argetorix, die den Plan des Gladiators erfahren haben, versuchen Iulia zu retten, wobei die drei Heranwachsenden als Identifikationsfiguren für die SuS dienen. Die Handlung trägt zum Spannungsaufbau bei und enthält komische Elemente wie das Niederstrecken von Bösewichten mit einer Bratpfanne.[103]

Zudem ist das Buch mit multiperspektiven Ansätzen aufgebaut und beinhaltet Identifikationsfiguren aus drei verschiedenen Schichten, der Sklaven, Arbeiter und der Vermögenden. Dieses historische Jugendbuch bedient jedoch ein entscheidendes Ausschlusskriterium, die Darstellung sprachlicher Mängel, was der Förderung der Sprachkompetenz, die auch im Fach Geschichte gestärkt werden soll, entgegen steht. Der Sklave Argetorix spricht oft mit falscher Satzgliedstellung wie bei „[d]as wir werden sehen"[104] und „[b]rauche ein kleines Moment"[105], was das Erlernen korrekter deutscher Sprachkompetenz entgegensteht. Irritierend im negativen Sinne ist außerdem der Faktor, dass die Figuren von sich selbst behaupten Latein zu sprechen, obwohl ihre Abenteuer auf

---

100 Schwieger, Frank: Die Rache des Gladiators. Ein Abenteuer aus dem Alten Rom, München 2010, S. 31.
101 Ebd., S. 61.
102 Vgl. ebd., S. 14F, 31, 35, 41, 50, 56, 60f.
103 Vgl. ebd., S. 115.
104 Ebd., S. 79.
105 Ebd., S. 93.

Deutsch gelesen werden. Aufgrund dieser zwei Punkte ist „*Die Rache des Gladiators*" nur bedingt zum Einsatz im Geschichtsunterricht zu empfehlen.[106]

3.4.3. Historische Jugendliteratur zum Mittelalter und zur Frühen Neuzeit

In diesem Abschnitt werden die Werke „*Das Gift der Königin*", „*In dreihundert Jahren vielleicht*" und „*Hexenkind*" auf ihre Tauglichkeit für den Geschichtsunterricht untersucht. Zur Analyse werden die im vorherigen Kapitel aufgeführten Kriterien genutzt. Da die Behandlung der Thematik auf die Themen der Jahrgangsstufen 7 und 8 passt, beziehen sich die Analysen auf den Entwicklungsstand dieser Altersgruppen, wobei auf Binnendifferenzierung im Rahmen des individuellen und selbstgesteuerten Lernens geachtet wird. Die Reihenfolge der Titel staffelt sich nach zeitlicher Abfolge.[107]

Der historische Jugendroman „*Das Gift der Königin*" stammt von der Autorin Caroline Meyer und ist aus dem Englischen übersetzt. Zu Beginn, noch vor dem eigentlichen Text, erwartet die LeserInnen ein Stammbaum der Tudors. Das Buch ist auf 223 Seiten mit Herrschersicht aus Perspektive der Tochter des in England herrschenden Königs Heinrich VIII., Prinzessin Mary, verfasst. Aus diesem Grund eignet es sich nicht für den Einsatz im Geschichtsunterricht, da es keine alltagsgeschichtlichen Ansätze und wenige Relationspunkte für die jungen Leser bietet, die sich weder mit dem Ankleiden durch Zofen noch mit den Verheiratungsriten der Adeligen und Könige Europas identifizieren können. Das Werk könnte jedoch zu informativen Zwecken zu Gebräuchen der Herrschaftshäuser in Europa eingesetzt werden, solange Interesse von Seiten der SuS besteht.[108]

---

106 Vgl. ebd., S. 59.
107 Vgl. Senatsverwaltung für Bildung, Jugend und Sport Berlin/ Ministerium für Bildung, Jugend und Sport Land Brandenburg, Teil C Geschichte, S. 26-30. Zwar werden hier die Bücher in der Reihenfolge der Zeit, über die darin erzählt wird, dargestellt, doch wird in dieser Arbeit nicht der Ansatz chronologischer Vermittlung von Geschichte verfolgt. Die Chronologie dient hier zweckshalber der Übersichtlichkeit.
108 Vgl. Meyer, Caroline: Das Gift der Königin, Würzburg 2003, S. 6f, 13.

Der Roman *„In dreihundert Jahren vielleicht"* von Tilman Röhrig erzählt auf 132 Seiten von den Bewohnern eines Dorfes namens Eggebusch im Jahr 1641, während des Dreißigjährigen Krieges. Von Kämpfen und Plünderungen geplagt, schaffen es die Bewohner des Dorfes weder ihr Handwerk noch Landwirtschaft zu betreiben. Eggebusch wird in der Erzählung mehrmals von Soldaten überfallen, geplündert, zahlreiche Bewohner vergewaltigt und ermordet.[109]

Zahlreiche Kinder können als Identifikationsfiguren dienen wie Anne, Tobias, Katharina, Maria und Jockel. Diese haben noch jüngere Geschwister. Die zahlreichen Namen können zu Verwirrungen führen, wobei eine Visualisierung der Dorfmitglieder in Form von Zeichnungen, Postern oder in Lesetagebüchern eine Orientierung im Buch erleichtern könnte.[110]

Die Angst ums Überleben und vor einer ungewissen Zukunft wird genauso thematisiert wie Geburt und Tod, Armut, Pest, christliche Gebräuche Kannibalismus und Flucht, Jugendliche Liebe und das Lösen adoleszenter Probleme. Zudem sind individuelle, zwischenmenschliche und gesellschaftliche Defizite in die Geschichte eingewoben. Durch eine Vielfalt an Emotionen ist das Buch besonders für den Einsatz im Geschichtsunterricht geeignet. Dabei sollten die Begriffe Grausamkeit, Angst und Hoffnung besonders thematisiert werden, da sie im Vordergrund der Handlung stehen. Irritierende Aspekte wie das Essen der *vernix caseosa* eines Neugeborenen durch die Geschwister ist ebenfalls mit eingebracht, die zur Reflexion anregen können.[111]

Das historische Jugendbuch *„Hexenkind"* von Celia Rees beinhaltet auf 257 Seiten die Geschichte der jungen Mary, die von England nach Amerika reisen muss. Marys Großmutter wird als Hexe angeklagt, durch Wasserprobe für schuldig befunden und gehängt. Die alte Frau ist in Kräuterkunde bewandert und hilft vor ihrem Tod Schwangeren als Geburtshelferin. Ihr Wissen hat sie an Mary Newbury vermittelt, die mithilfe ihrer bis dahin unbekannten Mutter im Jahr 1659

---

109 Vgl. Röhrig, Tilman: In dreihundert Jahren vielleicht, Würzburg [4]1985, S. 19, 61, 124-133.
110 Vgl. ebd..
111 Vgl. ebd., S. 8, 12-16, 67, 73-75, 78-82, 89ff, 111, 118, 123f, 135f. *Vernix caseosa* wird auch als Frucht- oder Käseschmiere bezeichnet.

fliehen kann und mit einer Gruppe Puritaner auf einem langen Seeweg in die „neue Welt" reist. Dort lebt Mary in einer christlichen Gemeinschaft, fernab der Stadt Salem, und nimmt Kontakt mit nahen Indianern auf. Doch auch in der Gemeinschaft kann sie ihrem Schicksal als Hexe, die Vergangenheit und Zukunft von Anderen anhand von Visionen erkennen kann, nicht entkommen.[112]

Thematisch zielt das Werk auf die Vermittlung der damaligen Sitten um Geburt und Begräbnis, der frommen Ausübung christlicher Religion, Aberglauben und die Vorstellung von Visionen, die sich als natürliche Phänomene wie die Nordlichter, ab. Historische Geschehnisse sind auch in diesem Werk eingeflochten wie die Erwähnung afrikanischer Sklaven auf Sklavenschiffen nach Amerika und die Kriege von Indianern untereinander.[113]

Die Figuren des Romans zeigen unterschiedliche Hintergründe und Perspektiven bezüglich dem christlichen Leben und dem Thema Hexen auf. Dieser multiperspektive Ansatz ist ein positives Eignungskriterium. Zudem ist das Werk historisch triftig, da die Inhalte auf nachweisbaren Quellen beruhen. Marys Erlebnisse sollen auf wahren Begebenheiten beruhen. Ihre Erlebnisse schrieb das Mädchen nieder und nähte diese Schriften in einen Quilt ein. Die Schriften sind für den Buchdruck leicht verändert.[114]

Hier bietet sich das Verfassen von Narrationen durch die SuS an. Dabei können die SuS die Geschichten von den Wendepunkten des Romans an umschreiben, um so die Wandelbarkeit und Möglichkeiten der Geschichte herauszustellen. Zudem bieten sich das Verfassen von Rezensionen und Zeitungsartikeln an sowie das Führen eines Lesetagebuches, in dem die SuS zugleich über Themen wie Aberglaube und Hexen reflektieren können.

---

112 Vgl. Rees, Celia: Hexenkind, Würzburg ³2003, S. 11, 27, 42, 52, 57, 118f.
113 Vgl. ebd., S. 17f, 45, 59f, 78, 92-94, 196, 220.
114 Vgl. ebd., S. 7.

3.4.4. Historische Jugendbücher zur Neueren Geschichte und Zeitgeschichte

In diesem Abschnitt werden die Werke „*Mit einem Koffer voller Träume*", „*Feuerschlucker*", „*Damals war es Friedrich*", „*Code Talker*" und „*The Art of Keeping Cool*" auf ihre Tauglichkeit für den Geschichtsunterricht untersucht. Zur Analyse werden die im vorherigen Kapitel aufgeführten Kriterien genutzt. Da die Behandlung der Epochen Neueren und Zeitgeschichte im neuen Rahmenlehrplan für Berlin für die Klassen 9 und 10 vorgesehen ist, beziehen sich die Analysen auf den Entwicklungsstand der SuS dieser Altersgruppen, wobei auf Binnen-differenzierung im Rahmen des individuellen und selbstgesteuerten Lernens geachtet wird. Die Reihenfolge der Titel ist nach Eignung und Sprache gesetzt.[115]

In „*Mit einem Koffer voller Träume*" von Patricia Reilly Giff wird auf 196 Seiten aus dem Leben von Dina Kirch erzählt, die nach einem Zwischenfall mit deutschen Soldaten in ihrer Heimatstadt Breisach zu ihren Verwandten nach Brooklyn in New York geschickt wird, um einer Strafe zu entgehen. Wie ihre Familie hat Dina ein Talent für das Schneidern, will jedoch bis zu einem *turning point* am Ende des historischen Jugendromans nicht in diesem Beruf arbeiten. Zeitlich ist das Werk von 1870 bis 1872 angesiedelt und enthält eine Erzählung mit Dialogen sowie Briefen von Dinas Mutter und ihrer älteren Schwester Katharina. Historische Ereignisse wie der Krieg mit Frankreich, Bismarcks Pläne zur deutschen Einheit und ein Pockenausbruch an der deutsch-französischen Front und in Amerika sind passend in die Geschichte eingeflochten und werden so thematisiert. Aberglaube und Kirche sind in den Alltag eingewebt, wodurch eine Grundlage für Vergleich und Transfer besteht, was zum historischen Lernen durch Sinnbildung über Zeiterfahrung beiträgt. Neben Familie, Freundschaft und beginnender Liebesgeschichte steht für die Jugendliche vor allem alles rund um das Nähen im Vordergrund, was das Interesse der LeserInnen durch die

---

115 Vgl. Senatsverwaltung für Bildung, Jugend und Sport Berlin/ Ministerium für Bildung, Jugend und Sport Land Brandenburg, Teil C Geschichte, S. 31-37. Zwar werden hier die Bücher in der zeitlichen Reihenfolge ihre Inhalte dargestellt, doch wird in dieser Arbeit nicht der Ansatz chronologischer Vermittlung von Geschichte verfolgt. Die Chronologie dient hier lediglich dem Zweck der Übersichtlichkeit.

Fachspezifik schmälern könnte. Darauf sollte bei der Buchauswahl genauso geachtet werden wie auf die eingeschränkte Perspektivität, weshalb es gemeinsam mit anderen Büchern gleicher Thematik genutzt werden sollte, um dem Konzept Multiperspektivität gerecht zu werden und zum historischen Lernen beitragen zu können.[116]

„Mit einem Koffer voller Träume" ist nach dem neuen Rahmenlehrplan geeignet für den Einsatz im Geschichtsunterricht der Klassenstufen 7/8. Unter dem Punkt „Migration und Bevölkerung" wäre eine Nutzung des Werkes denkbar. Szenisches Lesen sowie Szenische Darstellung sind für diesen Roman im Rahmen der Handlungsorientierung und der Förderung von Perspektivübernahmen sowie in Kooperation mit dem Wahlpflichtfach Theater vorstellbar.[117]

Das historische Jugendbuch *„Feuerschlucker"* von David Almond behandelt auf 193 Seiten die Geschichte des Jungen Robert alias Bobby, der in einem Küstendorf in England zur Zeit nach dem Zweiten Weltkrieg lebt, an eine neue Schule kommt und sich einem sadistischen Lehrer gegenüber sieht. Zudem herrscht im ganzen Dorf Angst, da die Sowjetunion im Mai 1962 auf Kuba Atomraketen und Soldaten stationiert, um Amerika angreifen zu können. Im Sommer wartet Bobby mit seinen Eltern auf die ersten Bomben.[118]

Als Identifikationsfigur fungiert vor allem Robert, der die Hauptfigur des Romans ist. Es gibt jedoch zahlreiche weitere altersgerechte Identifikationsfiguren mit unterschiedlichsten Sichtweisen, an die die LeserInnen anknüpfen können.Zur Anknüpfung für die SuS sind Themen wie Schule, familiäre Probleme, Krankheiten und Freundschaften zentral. Politikgeschichtliche Inhalte sind in die Handlung eingefügt wie durch Erzählungen vom Vater, was indirekt zum historischen Lernen beitragen soll. Besonders das moralische Bewusstsein als Teil

---

116 Vgl. Giff, Patricia Reilly: Mit einem Koffer voller Träume, München 2007, S. 9, 11, 24, 72; Pandel, Historisches Erzählen, S. 25.
117 Vgl. Senatsverwaltung für Bildung, Jugend und Sport Berlin/ Ministerium für Bildung, Jugend und Sport Land Brandenburg, Teil C Geschichte, S. 29; Senatsverwaltung für Bildung, Jugend und Sport Berlin/ Ministerium für Bildung, Jugend und Sport Land Brandenburg, Teil C Theater Wahlpflichtfach Jahrgangsstufen 7-10, Berlin/Potsdam 2015, S. 26.
118 Vgl. Almond, David: Feuerschlucker, München 2007.

des historischen Bewusstseins kann bei den SuS in diesem Buch durch die Reflexion von Themen wie Homosexualität als Beleidigung, die Stellung der Frau in der Gesellschaft, Prügelstrafen in der Schule und der Umgang mit Straßenkünstlern und -verkäufern wie dem Feuerschlucker McNulty, nach dem der Roman benannt ist, angesprochen werden. Aus diesen Gründen ist das Werk zur Nutzung im Geschichtsunterricht geeignet.

Eine gänzliche Lektüre wäre vorteilhaft. Die SuS könnten szenische Lesungen und Darstellungen fächerübergreifend mit dem Wahlpflichtfach Theater erarbeitet und durchführen. Auch die Erstellung einer Narration bietet sich an. Hierzu könnten die SuS Zeitungsartikel, Rezensionen, das Tagebuch von Bobby oder einem anderen Jugendlichen aus dem Roman erstellen.[119]

In **„Damals war es Friedrich"** von Hans Peter Richter wird die Geschichte des jüdischen Jungen Friedrich Schneider als Freund des namenlosen Protagonisten auf 150 Seiten wiedergegeben. Die geringe Seitenanzahl kann zum Lesen motivieren. Besonders Aktionen wie das Spielen im Schnee, die Einschulung, Spaß auf dem Rummelplatz, Domino und Urlaub. Aber auch Themen wie Arbeitslosigkeit und Geldsorgen können den Kindern bekannt sein und Anknüpfungspunkte in Übereinstimmung mit ihrer Erfahrungswelt nutzen. Die Geschichte baut langsam und über Jahre auf, sodass die SuS den Verlauf der Hasssteigerung gegenüber Juden zu Zeiten des Nationalsozialismus mitverfolgen können. Zu Beginn ist singulär Antisemitismus wie durch Nachbarn zu erkennen, wenn Friedrich als „Judenbengel"[120] beschimpft wird und der strenge Großvater des Protagonisten den Kontakt seiner Familie mit Juden unterbinden will. Im weiteren Verlauf finden sich Schmierereien an Arztpraxisschildern mit "Jude"[121], Schildhalter vor einem Schreibwarenladen mit „Kauft nicht beim Juden!"[122]. Es folgen die Entlassung des Postbeamten Herr Schneider, Sprüche wie „Juden sind

---

119 Vgl. ebd.; Senatsverwaltung für Bildung, Jugend und Sport Berlin/ Ministerium für Bildung, Jugend und Sport Land Brandenburg, Teil C Theater, S. 26.
120 Richter, Hans Peter: Damals war es Friedrich, München 2007, S. 21.
121 Ebd., S. 37.
122 Ebd., S. 40.

unser Unglück"[123] in der Hitlerjugend. Doch es gibt auch Kritiker des National-sozialismus, die jedoch nur indirekt widerständisches Verhalten zeigen, um nicht negative Folgen erleiden zu müssen. So sagt der Lehrer der Beiden, Neundorf, nach einem Exkurs zur jüdischen Geschichte „Juden sind Menschen, Menschen wie wir!"[124], bevor Friedrich auf eine Schule nur für jüdische Kinder wechseln muss. Die Verschärfung der Umstände tritt durch Heiratsgesetze und sich darauf beziehende Strafen, die Demütigung Friedrichs im Schwimmbad durch sein Judentum, bis hin zum Pogrom, wobei u.a. jüdische Geschäfte und Wohnungen geplündert werden und der Protagonist aus Massenwahn auch mitwirkt, sich jedoch eines Besseren besinnt. Flucht und Verstecken sowie der Tod jüdischer Mitbürger, nicht nur in Konzentrationslagern folgen darauf. Das Buch endet mit Bombenangriffen auf die Stadt und einem tragischen Ende.[125]

Diese Vorgänge können bei den SuS zu Irritationen führen, das moralische Bewusstsein ansprechen, lassen emotionale Anknüpfung zu und tragen somit zum historischen Lernen bei. Durch die Multiperspektivität aus Sicht des jungen deutschen Protagonisten, der Sicht von Friedrichs Familie und der Menschen aus der Umgebung wird ebenfalls historisches Lernen ermöglicht. Außerdem regen die Schilderungen des Alltags zu einer Reflexion der Rolle von Frauen und Familien und somit zum Vergleich und Transfer an, was ebenfalls zum historischen Lernen beiträgt.

Der Protagonist lernt durch seine Freundschaft viel über den jüdischen Glauben und was damit zusammenhängt wie 'Sabbat', den Haussegen 'Mesusah', der Gebetsmantel 'Tallith', der Rabbiner, die 'Thora' und Synagogen. Auf diese Weise lernen die Leser mit dem Protagonisten mit. Im Anhang finden sich Begriffserklärungen zum Kontext, die nachgeschlagen werden können. Es schließt sich eine chronologische Zeittafel an.[126]

---

123 Ebd., S. 48.
124 Ebd., S. 78.
125 Vgl. Georg, Fiktionalität und Geschichtsvermittlung, S. 79; Richter, Damals war es Friedrich, S. 16-21, 23, 25, 30-35, 40ff, 48, 58, 78, 82, 84f, 93, 108-113, 118, 127, 135f, 155.
126 Vgl. Richter, Damals war es Friedrich, S. 26-29, 95ff, 100, 160-172.

In Anlehnung an Ulrike Schraders Auseinandersetzung mit dem Schulbuchklassiker kann in der heutigen Zeit keine Eignung des Werkes für die Behandlung im Geschichtsunterricht ausgesprochen werden. Zwar sei „*Damals war es Friedrich*" leicht verständlich und altersspezifisch, zudem steht zahlreiches Unterrichtsmaterial zur Verfügung, aber die negativen Aspekte überwiegen. Hier sind besonders zu betonen, dass in dem Werk eine Verurteilung desselben ausgeschlossen wird, da es im Sinne der einer Entlastungsliteratur lediglich zum Nachdenken und Lernen aus der Vergangenheit anregen, jedoch nicht Urteilen soll. Dies steht der im Geschichtsunterricht durch die SuS auszubildenden Urteilskompetenz entgegen, was ein Ausschlusskriterium darstellt. Hinzu kommt, dass der Holocaust per se nicht problematisiert wird, sachliche Fehler enthalten sind und stilles Hinnehmen und Tolerieren, eine Art Mitläufertum, beschrieben wird, dem eine kritische Reflexion fehlt.[127]

In fächerübergreifender Kooperation mit dem Englischunterricht wäre eine ertragreiche Lektüre von historischer Jugendliteratur ebenfalls möglich. Hierzu eignen sich Buchempfehlungen zu historischer Jugendliteratur von Hilary Susan Crew 2014 in „*Experiencing America's Story through Fiction. Historical Novels for Grades 7-12*", einer Publikation zum Einsatz US-amerikanischer historischer Literatur im US-amerikanischen Geschichtsunterricht. Darin sind Vorschläge zu 'historical novels' inklusive historischer Jugendliteratur für verschiedenste Leselevel enthalten, wobei Crew auch Aufgabenstellungen zusätzlich zu den Inhaltsangaben bereitstellt. Zum Thema Nationalsozialismus sind ihre Empfehlungen „*Code Talker*" von Joseph Bruchac und „*The Art of Keeping Cool*" von Janet Taylor Lisle.[128]

---

127 Vgl. Schrader, Ulrike: Immer wieder Friedrich?. Anmerkungen zu dem Schulbuchklassiker von Hans Peter Richter, in: Benz, Wolfgang (Hg.): Jahrbuch für Antisemitismusforschung 14, Berlin 2005, S. 342f; Senatsverwaltung für Bildung, Jugend und Sport Berlin/ Ministerium für Bildung, Jugend und Sport Land Brandenburg, Teil C Geschichte, S. 4f.
128 Vgl. Crew, Hilary Susan: Experiencing America's Story through Fiction. Historical Novels for Grades 7-12, Chicago 2014, World War II; Senatsverwaltung für Bildung, Jugend und Sport Berlin/ Ministerium für Bildung, Jugend und Sport Land Brandenburg, Teil C Moderne Fremdsprachen Jahrgangsstufen 7-10, Berlin/Potsdam 2015, S. 10f, 24, 27, 30, 31, 35f.

„Code Talker" erzählt auf 231 Seiten die Geschichte des 16jährigen Navajo Marines Ned Begay, vormals Kii Yázhi, seiner Kindheit und seines Einsatzes im Zweiten Weltkrieg. Somit ist das Werk auch eine Erzählung von der Ausgrenzung amerikanischer Ureinwohner vor und während des Zweiten Weltkrieges. Die Perspektive eines Navajo Marines und seiner Vergangenheit eignet sich besonders für einen Vergleich mit anderen Werken alltagsgeschichtlicher Ansätze. Zudem ist aufgrund der Länge des Werkes das Führen eines Lesetagebuches, somit auch das Lesen des gesamten Buches, zu empfehlen. Dabei wäre es von Vorteil, die SuS nach Interessen Bücher auswählen und privat lesen zu lassen. Im Anschluss daran könnte die Vorstellung in Form von PPT, Plakaten, besonders in Form von Narrationen der SuS wie Zeitungsartikeln und Rezensionen erfolgen, die im Anschluss daran zur Stärkung historischer Kompetenzen diskutiert, reflektiert und verglichen werden sollten.[129]

„The Art of Keeping Cool" greift auf 256 Seiten die Themen Kunst, Flucht vor dem Nationalsozialismus in Deutschland, Vorurteile und Krieg zu Zeiten des Zweiten Weltkrieges auf. Protagonist ist der 13-jährige Robert, der mit seiner Familie bei seinem Großvater auf Rhode Island lebt, solange sein Vater als Soldat in England stationiert ist. Dort lebt auch sein Cousin Elliot, der beim deutschen Exilanten und Maler Abel Hoffman das Zeichnen übt. Spannung wird v.a. durch das Geheimnis um die Familie von Roberts Vater aufgebaut. Zudem tragen Roberts Angst vor Hoffmann und möglichen deutschen Angriffen, die unterschiedlichen Sichtweisen der Jugendlichen und der Erwachsenen sowie die adoleszenten Probleme zur Anschlussfähigkeit durch die LeserInnen und somit zum historischen Lernen bei.[130]

Die Länge und der Inhalt der beiden Werke ist für den Einsatz der Literatur in den Jahrgangsstufen 9/10 angemessen. Durch die Länge der Werke eignet sich die Erstellung von Lesetagebüchern oder die Bearbeitung von Aufgaben zu den einzelnen Kapiteln. Für den Einsatz in der Unterrichtsstunde ist das Bearbeiten

---

129 Vgl. Crew, Experiencing America's Story through Fiction, World War II.
130 Vgl. ebd..

von Ausschnitten und der Erstellung einer eigenen Narration wie eines Zeitungsartikels oder einer veränderten Narration mit möglichen Vorgeschichten oder möglichen Enden auf Deutsch oder Englisch geeignet.[131]

---

131 Vgl. Senatsverwaltung für Bildung, Jugend und Sport Berlin/ Ministerium für Bildung, Jugend und Sport Land Brandenburg, Teil C Geschichte, S. 31-37; Senatsverwaltung für Bildung, Jugend und Sport Berlin/ Ministerium für Bildung, Jugend und Sport Land Brandenburg, Teil C Moderne Fremdsprachen, S. 10F, 24, 27, 30, 31, 35f.

4. Phantastische Jugendliteratur und Geschichtsunterricht

4.1. Definition und historische Entwicklung

Die phantastische Literatur enthält eine vielschichtige Mischung aus Genres, darunter Heldensagen, Märchen und Mythen, wobei laut Kaulen keine Gattungsreinheit angestrebt sei. Hauptkennzeichen der Phantastischen Literatur sei das dominante Vorkommen übernatürlicher Erlebnisse und Darstellungsmittel, die grundlegende Bedeutung für die Struktur des Textes haben. Diese sollen nach Prestel von den Wahrscheinlichkeiten eines bestimmten historisch-sozialen Erfahrungsschatzes abweichen. Eben diese Zusammenstellung mache das Phantastische aus. Im deutschen Sprachraum wird die Fantasy der Phantastik untergeordnet. Phantastik entspricht jedoch auch dem englischen Begriff der *fantasy*, auf diesen im Folgenden bei der Nutzung des Begriffes Fantasy Bezug genommen wird.[132]

Ein Jugendbuch wird in der Kinder- und Jugendliteraturforschung als phantastisch bezeichnet, wenn es durch jugendliche Protagonisten an Jugendliche adressiert ist, phantastische Elemente im Text überwiegen sowie essentiell für Handlung und Kontext sind. Dazu zählen auch Mythen, Sagen und Märchen. Das phantastische Jugendbuch weicht in seiner Handlung von den im vorigen Kapitel betrachteten historischen Jugendbüchern durch eben diese phantastischen Elemente ab. Da es sich um Jugendbücher handelt, werden darin adoleszente Probleme angesprochen, was die phantastische mit der historischen Jugendliteratur gemein hat. Die enthalten Themen und vermittelten Werte wie Freundschaft und Tapferkeit sind zudem der Eskapismus-Kritik entgegenzuhalten, die an phantastischer Literatur geübt wird. Zwar stehen altersübergreifende Themen wie Macht, Herrschaft und Heroentum im Vordergrund der Handlung, was eine Abgrenzung zur Erwachsenenliteratur erschwert, aber anknüpfbare Elemente sind vorhanden. Zudem wird die Erweiterung des eigenen Erfahrungsschatzes der jeweiligen LeserInnen durch altersübergreifende Themen ermöglicht und die LeserInnen zur Reflexion

---

132 Vgl. Ewers, Fantasy - Heldendichtung unserer Zeit, S. 6; Kaulen, Wunder und Wirklichkeit, S. 12ff; Prestel, Wundersame Wirrnis, S. 33.

angeregt, weshalb eine Nutzung von phantastischer Literatur nicht auszuschließen ist.[133]

Hinzu kommt, dass es oftmals die Außenseiterfiguren sind, die letztendlich zu Helden werden. Sie entwickeln und verändern sich im Laufe der Geschichte. Sie müssen Hürden überwinden und erkennen ihre Stärken sowie Schwächen und lernen, mit diesen umzugehen. Den LeserInnen können an die Problematiken und Emotionen der Identifikationsfiguren anknüpfen und sich folgend in Perspektivübernahme und Empathie üben, was zum historischen Lernen auf Basis geschichtsdidaktischer Grundlagen beiträgt.[134]

Die Phantastik habe sich nach Kaulen aus der Romantik heraus entwickelt mit Werken von Ludwig Tieck und E.T.A. Hoffmann. Erst in den 1960er Jahren habe die Phantastik im deutschen Raum durch Ottfried Preußler und Michael Ende aufgelebt. Im englischsprachigen Raum hat sich die Phantastik bereits im Gebiet der Klassiker etabliert. Darunter befinden sich Werke wie *„Alice in Wonderland"* (1865) von Lewis Carroll, J.R.R. Tolkiens *„The Hobbit"* (1937) und die *„The Lord of the Rings"* – Trilogie (1954/55), die *„The Chronicles of Narnia"* – Bände (1950-56) von C.S. Lewis. Besonders seit dem *„Harry Potter"* – Boom in den 1990ern erfährt das Genre mehr Beliebtheit und auch deutsche Autoren wie Kirsten Boie, Cornelia Funke und Andres Steinhöfel etablieren das Genre im deutschsprachigen Raum.[135]

---

133 Vgl. Ewers, Fantasy - Heldendichtung unserer Zeit, S. 19; Mikota, Jana: Fantastische Helden, in: Ideen für den Unterricht. Methoden für Deutschunterricht und Leseförderung. Thema des Monats: Juni 2014, Hamburg 2013, S. 2.
134 Vgl. Mikota, Fantastische Helden, S. 2.
135 Vgl. Kaulen, Wunder und Wirklichkeit, S. 16ff; Prestel, Wundersame Wirrnis, S. 26.

4.2. Fantasy zwischen Fiktion und Wirklichkeit

In der Geschichtswissenschaft und Geschichtsdidaktik haben Quellen, insbesondere Schriftquellen, bislang einen hohen Stellenwert, da sie als Zeitzeugnisse wahrgenommen und anhand derer vergangene Ereignisse rekonstruiert werden. Ohne Quellen gäbe es keine heutigen Kenntnisse und kein Wissen. Fried jedoch legte schon 1996 in seiner Auseinandersetzung mit Wissenschaft und Phantasie die Problematik dar, den Wahrheitsgehalt von Quellen herauszufinden und zu prüfen. Wird jedoch die konstruktivistische Theorie herangezogen, relativiert sich die Suche nach Wahrheitsgehalt, da Möglichkeiten, keine Wahrheiten bestehen. Es handele sich sowohl bei historischen Welten in Texten als auch bei fiktiven um Erzähltes, Narrationen. Charakteristisch ist dabei v.a., dass das Fiktive das Wirkliche stets ändern würde, das Fiktive aber durch realistische Elemente nicht alterniert würde. Letzteres basiert auf der Abhängigkeit des Fiktiven von der Wirklichkeit.[136]

Köppert stellt ebenfalls heraus, dass die Phantastischen Elemente, die elementar für die Einordnung als phantastische Literatur sind, notwendigerweise von einer realen Wirklichkeit ausgehen. Die bekannte Realität werde als Grundlage und Ausgangspunkt für Übersteigerung, somit ebenfalls für Fiktion, genutzt, wodurch veränderte Wirklichkeiten geschaffen werden. Selbiges stellt Wolf in ihren Ausführungen vor. Auf Basis der realen Welt, feststehender Konventionen und Traditionen werden Erwartungshaltungen aufgebaut, die das Phantastische beeinflussen. Leerstellen im Text würden aus dem Erfahrungsschatz der jeweiligen LeserInnen heraus stets subjektiv rekonstruiert. Der Imagination und Vorstellungskraft sei demnach gemeinsam, dass sie konstruktiv-konstruierende Tätigkeiten im Spektrum des Denkens darstellen. Sie stehen über den Begriffen Wirklichkeit und Fiktion, die lediglich als eine Gratwanderung von

---

136 Vgl. Fried, Johannes: Wissenschaft und Phantasie. Das Beispiel der Geschichte, in: HZ 263 (1996), S. 293; Wolf, Yvonne: Fiktionale Welten gegen das Vergessen. Zum Verhältnis von Phantastik und Geschichte in Ralf Isaus Roman 'Das Museum der gestohlenen Erinnerungen', in: von Glasenapp, Gabriele/ Wilkending, Gisela (Hg.): Geschichte und Geschichten. Die Kinder- und Jugendliteratur und das kulturelle und politische Gedächtnis, Frankfurt (Main) 2005, S. 266-269.

Zurschaustellung von Wirklichem und Unwirklichem definiert werden können.[137]

Im Gegensatz zum historischen Roman, der mit komplexen Bildern Vergangenes zu vergegenwärtigen sucht, geht die Fantasy laut Ewers frei mit den Erzählstoffen der Vergangenheit um, wobei sie Gegenwärtiges ansprechen wolle. Die Bezugnahme der Fantasy besteht demnach auf den historischen, meist heroischen, Erzählstoffen, nicht historischen Darstellungen, was sich durch die Nutzung magischer und wunderbarer Elemente zeigt. Dies lässt sich durch den altersübergreifenden Charakter des Genres ebenfalls auf die phantastische Jugendliteratur übertragen.[138]

Die Geschichten in der phantastischer Jugendliteratur besitzen somit ausreichend realen, durch zahlreiche Möglichkeiten geprägten, Charakter im Sinne der Anknüpfungsmöglichkeiten durch die SuS selbst, die sich die Realität imaginieren, demnach immer konstruieren. Daher sind der phantastischen Jugendliteratur ähnliche Operatoren wie der historischen Jugendliteratur zuzusprechen, die auf historischen Ereignissen und Möglichkeiten aufbaut. Daraus lässt sich folgern, dass auch die phantastische Jugendliteratur trotz des hohen Grades an Fiktion den SuS genügend Raum zum Imaginieren lässt und somit zum historischen Lernen beitragen kann. Dabei ist es Aufgabe der SuS unter Anleitung der Lehrkraft die explizit phantastischen Elemente herauszuarbeiten und zu reflektieren.

---

137 Vgl. Köppert, Christine: Entfalten und Entdecken. Zur Verbindung von Imagination und Explikation im Literaturunterricht München 2007, S. 296-299; Wolf, Fiktionale Welten gegen das Vergessen, S. 263ff.

138 Vgl. Ewers, Fantasy – Heldendichtung unserer Zeit, S. 19; Ewers, Hans-Heino: Überlegungen zur Poetik der Fantasy, in: Tomkowiak, Ingrid (Hg.): Perspektiven der Kinder- und Jugendmedienforschung, Zürich 2011, S. 137f.

4.3. Relevanz für den Geschichtsunterricht

Das Feld der phantastischen Literatur findet bisher lediglich für die Nutzung im Deutschunterricht Beachtung. Für den Einsatz im Geschichtsunterricht gilt es, die Relevanz der phantastischen Jugendliteratur für das historische Sinnbilden herauszustellen. Hinzu kommt die Frage, welche Schnittpunkte es zwischen der phantastischen Literatur und der Geschichtsschreibung gibt, mit dem Hintergrund, dass die Geschichtsschreibung aufgezeigte Ähnlichkeiten zur historischen Jugendliteratur besitzt.

Sobald der Mensch Geschehnisse verarbeitet und reproduziert, ist das Ergebnis als subjektiv zu verstehen. Somit ist sowohl Geschichte als auch Literatur stets subjektiv gefärbt. Wird dieser Gedanke einen Schritt weiter getragen, ergibt sich, dass auch eine strukturelle Ähnlichkeit zwischen Geschichte und phantastischer Literatur besteht. Beide sind nach subjektive Erzeugnisse des Menschen, ein Zusammenspiel aus Fiktivem und Realem. Daher ist der Einsatz von phantastischer Literatur im Geschichtsunterricht per definitionem auf kognitiv-entwicklungspsychologischer Ebene durch die grundlegenden Gemeinsamkeiten zu befürworten.[139]

Haas beschreibt Funktionen der phantastische Kinder- und Jugendliteratur auf literaturtheoretischer- und didaktischer Ebene. Zum Einen spiegeln die phantastische Kinder- und Jugendliteratur politisch-gesellschaftliche Probleme und Verhältnisse wieder. Somit knüpfe die Gattung an adoleszente Themen und Probleme an, die den SuS bekannt sind. Auf diese Weise werde ein vielschichtiges Angebot von historischen Möglichkeiten geschaffen, die die SuS zum Nachdenken, zu Empathie, zum Fremdverstehen und zur Reflexion anregen sollen, welche generell eine Erfahrung mit Literatur erst ermöglichen. Außerdem fungiere die Phantastik als eine Art Spiegel entwicklungs- und tiefenpsychologischer Prozesse als Bestandteil des kulturellen Gedächtnisses und soll durch die literarische Erfahrungen zur Persönlichkeitsbildung beitragen.

---

139 Vgl. Köppert, Entfalten und Entdecken, S. 292-295.

Zudem kann die Phantastik nach Wrobel dazu beitragen, die SuS in eine Gedächtnis- und Erzählgemeinschaft zu initiieren.[140]

All diese von Haas aufgestellten positiven Aspekte der phantastischen Jugendliteratur überwiegen die negativen Aspekte, die Kaulen aufgestellt und anschließend widerlegt hat, darunter die Eskapismusförderung, hier die Flucht vor der Gegenwart in Bücher, die Verherrlichung von Hierarchien und veralteter Wertsysteme, Gewalt und Kämpfen, das Hervorheben des männlichen Heroismus und auf der anderen Seite das Klischee der hilflosen Frau. Hinzu komme die Problematik, eine Gratwanderung von Spannung und historischen Inhalten sowie Konkretheit zu finden, die die SuS weder demotiviert noch überfordert.[141]

Zur Lösung dieser Problematik sind die literarischen Elemente der phantastischen Literatur zu betrachten. Darunter finden sich die Leserbedürfnisse Abenteuer, Eskapismus, Spannung und Unterhaltung, die zudem unterschiedliche und vielfältige Inhalte, Lesarten und Leerstellen ermöglichen können, woran die jugendlichen Leser die Mehrdeutigkeit der Literatur erkennen können. Zudem werde durch die literarischen Elemente Lesefreude und -motivation bei den LeserInnen erzeugt. Laut Mikota weist die phantastische Jugendliteratur Aspekte zahlreicher Gattungen auf. Phantastik habe außerdem einen gewissen Grusel-Faktor, der nach Haas und Mattenklott das Genre konstituiere. Dabei ist die Irritation ein Faktor für Spannung, die dem Lesegenuss zuträglich ist. Letztlich trage Phantastik zu einem Kreativität frei-setzenden Spiel-Raum bei. Dabei werde der Leser in Bezug auf sein Verständnis von Wirklichkeit auf die Probe gestellt

---

140 Vgl. Haas, Gerhard: Funktionen von Fantastik, in: Knobloch, Jörg/Stenzel, Gudrun (Hg.): Zauberland und Tintenwelt. Fantastik in der Kinder- und Jugendliteratur. Beiheft der Beiträge Jugendliteratur und Medien, Weinheim 2006, S. 31; Mikota, "Der normale Schulwegwahnsinn", S. 64f; Mikota, Jana: Fantastische Jugendliteratur in der Schule, in: Ideen für den Unterricht. Methoden für Deutschunterricht und Leseförderung. Thema des Monats: Juni 2013, Hamburg 2013, S. 3; Wrobel, Dieter: Der Vampir als Entwicklungshelfer. Literarische Blutsauger in der KJL als Förderer der Enkulturation und Sozialisation, in: Mikota, Jana/Planka, Sabine (Hg.): Der Vampir in den Kinder- und Jugendmedien, Berlin 2012, S. 24.

141 Vgl. Kaulen, Wunder und Wirklichkeit, S. 18f; Wolf, Fiktionale Welten gegen das Vergessen, S. 266.

und zugleich herausgefordert.[142]

Weiterhin kann phantastische Jugendliteratur für den Geschichtsunterricht relevant sein, da sie leseschwachen und zum Lesen unmotivierten Jugendlichen beim Leseeinstieg behilflich sein kann. Dabei trägt sie v.a. zum Verarbeiten realer, adoleszenter Probleme der SuS bei. In der phantastischen Jugendliteratur werde nämlich ein Gegenentwurf zu bestehenden Verhältnissen der LeserInnen geschaffen. So werde den Leserinnen ermöglicht emanzipatorisch zu reflektieren und Bekanntes zu überdenken. Dieser Anknüpfungspunkt gilt auch für SuS mit Migrationshintergrund, da adoleszente Themen universell sind. Durch das Lesen der phantastischen werden sowohl Lesekompetenz als auch Lesemotivation gestärkt, was sich zudem positiv auf die literarische Bildung auswirken kann. Besonders Haas und Mikota heben die Attraktivität der fantastischen Jugend-literatur für den Einsatz im Unterricht hervor.[143]

In der Phantastischen Jugendliteratur wirken zumeist Helden, oft auch Anti-Helden als Protagonisten. Die Charaktere können bei den SuS für Motivation, Spannung, Wiederfinden und Selbstreflexion, somit für neue Sichtweisen und Vorstellungen sorgen. Besonders die Funktion der Helden, im Gegensatz zu den Protagonisten der Jugendbücher, ermöglicht es den SuS besonders in fiktive Welten mit phantastischen Wesen und Orten einzutauchen. Dabei stehen die Probleme der Jugendlichen nicht an erster Stelle wie z.B. in der historischen Jugendliteratur. Auf diese Weise können die SuS laut Mikota einen besseren Zugang zum Text finden. Die Helden müssen nämlich meist schwierige Hürden überwinden, um später ein entspanntes Leben führen zu können. Dabei haben sie Stärken und Schwächen, die die Figuren als Charaktere ausmachen und real erscheinen lassen. Diese Konstellation menschlicher Charaktereigenschaften lässt sich unbewusst von den SuS auf die Schule übertragen, wo sie Hürden, also

---

142 Vgl. Haas, Funktionen von Fantastik, S. 35; Kaulen, Wunder und Wirklichkeit, S. 18f; Mikota, "Der normale Schulwegwahnsinn", S. 65; Mikota, Jana: Fantastische Helden, in: Ideen für den Unterricht. Methoden für Deutschunterricht und Leseförderung. Thema des Monats: Juni 2014, Hamburg 2013, S. 2f.

143 Vgl. Kaulen, Wunder und Wirklichkeit, S. 18f; Mikota, Fantastische Jugendliteratur in der Schule, S. 4.

Prüfungen, überwinden müssen, um dann ins Erwachsenenleben zu starten. Dies nehmen die SuS unbewusst war und werden durch die Phantastik darauf vorbereitet, dass jede Hürde auf unterschiedlichen Wegen überwunden werden kann und man auf dem Weg nicht allein ist, sondern auch Hilfe in Anspruch nehmen kann. Dieser Aspekt ist besonders auch für SuS mit Migrationshintergrund wichtig, die zuzüglich zum Schulalltag ebenfalls vermehrt sprachliche Hürden überwinden müssen. Außerdem erfahren die SuS, dass es den Charakter von Individuen ausmacht, Schwächen und Stärken zu haben und es darauf ankommt, wie man mit diesen umgeht. Somit hat die Phantastische Jugendliteratur auch Einfluss auf die Werteentwicklung Jugendlicher, demnach auf ihre persönliche Entwicklung.[144]

Da es sich bei phantastischer Literatur per se um Literatur handelt, überwiegen vornehmlich die literaturtheoretischen Argumente zur Nutzung von Literatur im Unterricht allgemein und speziell im Geschichtsunterricht. Die aktuelle Forschungslage aus geschichtstheoretischer Perspektive ist ausbaufähig. Hier sollen Anreize zu weiterer Forschung gegeben werden, um den Geschichtsunterricht der Zukunft ansprechend und passend gestalten zu können.

Auf geschichtstheoretischer und -didaktischer Grundlage sind vor allem das Lesen, sowie die Ausbildung von Urteils- und Deutungskompetenz hervorzuheben. Dies besonders bei SuS der Sekundarstufen I und II, die diese Kompetenzen erst aufbauen müssen. Beim Lesen von Jugendliteratur, wie im Kapitel zur historischen Jugendliteratur betrachtet wurde, bestehen zahlreiche Relationspunkte für die SuS wie die Anknüpfung an die Lebenswelt. Dies gilt auch für die phantastische Jugendliteratur. Jugendliteratur und spezifisch phantastische Jugendliteratur fungieren somit als Sozialisationsliteratur.[145]

Mikota führt aus, dass phantastische Wesen nicht nur zur Sozialisation beitragen können. Die SuS können zudem den Wandel der in der phantastischen

---

144 Vgl. Mikota, Fantastische Helden, S. 3f.
145 Vgl. Haas, Funktionen von Fantastik, S. 31-35; Senatsverwaltung für Bildung, Jugend und Sport Berlin/ Ministerium für Bildung, Jugend und Sport Land Brandenburg, Teil C Geschichte, S. 4f.

Jugendliteratur vorkommenden Wesen im Laufe der Zeit begreifen, was zum historischen Lernen beiträgt. Literaturtheoretisch stehen dabei diese Wesen und ihr Wandel im Vordergrund, da sie Teil des kollektiven und kulturellen Gedächtnisses sind. Ewers stellt außerdem heraus, dass die Fantasyliteratur zentrale politische und geschichtsphilosophische Themen problematisiert und Sachverhalte der aktuellen Weltlage anspricht. Zudem werden durch die Inhalte, die per se immer konstruiert sind, wie es auch den historischen Schriftzeugnissen anheim liegt, kulturelle Inhalte vermittelt. Schule als Handlungsort fungiert dabei als förderliche Umgebung zum historischen Lernen durch phantastische Jugendliteratur. So wird das im Roman Erzählte nicht nur aufgegriffen, sondern weiter imaginiert und mit eigenen Vorstellungen verbunden im Kontrast zur Alltagswelt der SuS.[146]

4.4. Mythos in der Phantastischen Jugendliteratur

Mythen gründen oft auf einen religiösen Hintergrund. Zudem haben sie zyklischen Charakter und bezeichnen zusätzlich durch ihren im Ritus gesetzten Ursprung das Wiederholbare. Mythen sind nach Pandel empirisch nicht triftige Geschichten. Nach Ewers entstammen die geläufigen Mythen der antiken und (indo)germanischen Mythologie, aber auch der orientalischen Märchenwelt, antiken und mittelalterlichen Heldenepen, dem Rittertum und der Tafelrunde. Diese werden durch die Jahrhunderte hinweg immer wieder aufgegriffen, so auch in der phantastischen Jugendliteratur von heute wie die antiken Mythen in den Werken Rick Riordans.[147]

Die Verbindung von Mythen zum historiographischen Erzählen besteht laut Pandel im Einsatz von Emotionen, die den Menschen zu allen Zeiten gemeinsam sind. Zudem zeigen Mythen bildhafte Sprache auf und können sich im Laufe der

---

146 Vgl. Ewers, Überlegungen zur Poetik der Fantasy, S. 149; Haas, Funktionen von Fantastik, S. 29-38; Mikota, Jana: Fantastische Jugendliteratur in der Schule, in: Ideen für den Unterricht. Methoden für Deutschunterricht und Leseförderung. Thema des Monats: Juni 2013, Hamburg 2013, S. 2; Wrobel, Der Vampir als Entwicklungshelfer, S. 23.
147 Vgl. Ewers, Überlegungen zur Poetik der Fantasy, S. 132; Pandel, Historisches Erzählen, S. 70-73.

Zeit als Teil von Kultur festsetzen. Dem Mythos seien nach Pandel drei Funktion eigen. Dazu gehören aitiologische, genealogische und zyklische Elemente. Diese gehören zudem zur Basis der wissenschaftlichen Propädeutik des historischen Lernens. Unter den akademischen Historikern hat der Mythos eine kritische Stellung als Anzeiger für Darstellungen ohne Triftigkeit. Die Geschichtsschreibung selbst, die am Wahrheitsdiktum festhält, stehe dem Mythos zyklisch in Verbindung, indem sie den Mythos abwehren wolle, jedoch gleichzeitig ständig Mythen bilde. Außerdem werden Mythen im Rahmen politischer Machtergreifung und -legitimierung als Propagandamittel eingesetzt, wobei sie aufgrund ihres mehr fiktionalen Charakters zu Machtzwecken genutzt oder für diese erst etabliert werden können.[148]

Eine solche Mythenbildung ist als öffentliche, gesellschaftliche oder politische Mythenbildung benennbar. Die öffentliche Mythenbildung ist dabei begrifflich nicht mit überlieferten Mythen gleichzusetzen, da sie in heutiger Zeit eher weniger religiösen Hintergrund hat. Besonders Barricelli betont, dass einer öffentlichen Mythenbildung entgegengewirkt werden müsse, indem den SuS geeignetes Handwerkszeug zur Hand gelegt wird, somit die SuS in Deutungs- und Analysekompetenz angeleitet geschult werden sollen, um die Inhalte von Erzählungen nicht zu antizipieren wie sie sind.[149]

Im Geschichtsunterricht ist die Kenntnis des Mythosbegriffs laut Pandel für die Erstellung von Rezensionen durch die SuS und bei der Förderung narrativer Kompetenz unverzichtbar und essentiell, da Mythen sich in zahlreichen Themen des schulischen Geschichtsunterrichts finden lassen. Für den Einsatz von phantastischer Jugendliteratur im Geschichtsunterricht ist der Mythos von Bedeutung, da er in zahlreichen phantastischen Werken auf kreative Weise eingebaut ist. Besonders antiken Mythen wird in den letzten Jahrzehnten mehr Beachtung in der phantastischen Jugendliteratur geschenkt. Beispiel dafür sind die Werke Rick Riordans um die griechische („Percy Jackson"-Reihe), römische

---

148 Vgl. Pandel, Historisches Erzählen, S. 70-73; Veit, Historische Jugendliteratur, S. 442.
149 Vgl. Barricelli, Schüler erzählen Geschichte, S. 67.

(Reihe „Helden des Olymp") sowie ägyptische Mythologie („Kane-Chroniken").
Dieser spielerische Umgang mit der Mythenüberlieferung entspricht laut Ewers
im angloamerikanischen Raum auch der Definition als eine Art zeitgenössische
Form der Mythopoesie für die Kategorie Fantasy.[150]

Gerade heute findet eine Bedeutungsverschiebung von Mythen statt, die fängt an
bei den Olympischen Spielen an, führt über den Hermes Paketversand fort und
zum Neptunfest in Kindergärten und Horten hin. Der Bezug zur Lebenswelt ist
vorhanden, nur ist es an den SuS über ihren Erfahrungsschatz und ihre Umwelt
die Verbindung zu Mythen aufzunehmen und diese zu reflektieren.

4.5. Werkbeispiel und Einsatz im Geschichtsunterricht von heute

Die *heroic fantasy* – Jugendromanreihe „***Percy Jackson***" erzählt in fünf Bänden
die Abenteuer des Heroen und Halbgottes Perseus, kurz Percy. Die Reihe ist vom
US-amerikanischen Geschichtslehrer Rick Riordan geschrieben und gibt den
Lesern Einblicke in die griechische Mythologie. Nachdem Percy herausfindet,
dass er der Sohn des griechischen Gottes Poseidon und einer Sterblichen ist,
kommt der junge Held in die Reihen junger Heroen im Camp Half-Blood und
entwickelt mit seinen Freunden zusammen während seiner Abenteuer Schritt für
Schritt eine eigene Identität.[151]

Auf diese Weise haben die Leser alltagsweltliche Orientierungspunkte, mit denen
sie sich identifizieren und welche sie interpretieren können. Wie Mikota es
ausführt, stärkt dies auch das Abstraktionsvermögen der Jugendlichen durch die
Erkenntnis des Differenten und der Mehrdeutigkeit in der Literatur. Neben den
griechischen Göttern wie Aphrodite, Apollo, Hera, Zeus und Dionysos, welcher
unter dem Namen Mr D als Campleiter fungiert, sind auch Wesen der
griechischen Mythologie wie Centauren wie Mr Brunner alias Chiron und
Sartyren wie Percys bester Freund Grover integriert. Diese leben in zwei Welten,

---

150 Vgl. Ewers, Überlegungen zur Poetik der Fantasy, S. 131f; Pandel, Historisches Erzählen, S.
73.
151 Vgl. Riordan, Rick: Percy Jackson – Diebe im Olymp, Hamburg 2011.

der bekannten Menschlichen und der Phantastischen, wohingegen die Menschen nur in der den LeserInnen bekannten Welt leben. Chiron und Grover führen Percy in diese zweite Welt ein und erklären ihm die Lebendigkeit von Mythen. „Wenn du ein Gott wärst, wie würde es dir dann gefallen, als Mythos bezeichnet zu werden, als alte Geschichte, mit der Gewitter erklärt werden sollen?"[152], fragt beispielsweise Chiron und bietet damit großes Potenzial zur Anregung eines Diskurses mit Mythen. Auch die Thematisierung des Olymps lässt sich leicht aus dem Inhalt des Werkes anregen. Chiron klärt beispielsweise Percy mit über den Olymp auf und gibt die Anregung, dass der Machtsitz der Götter wandelbaren Charakter hat, denn „[w]ir reden immer noch vom Olymp, aus Respekt vor den alten Zeiten, aber der Palast wird immer wieder verlegt, Percy, weil auch die Götter sich bewegen"[153]. Daraufhin stellt Chiron dar, dass auch die griechischen Götter wandelbar sind, denn „es wanderte das Herz des Feuers nach Rom und die Götter folgten, Sie mochten andere Namen annehmen – Jupiter statt Zeus, Venus statt Aphrodite und so weiter – , aber es waren dieselben Mächte, dieselben Götter"[154]. Auf diese Weise wird nicht nur der Olymp, sondern werden auch historische Möglichkeiten, Mythen und ihre Wandelbarkeit thematisiert, was für die Behandlung des Themas „3.12 Religionen in der Gesellschaft – Miteinander oder Gegeneinander?" im neuen Rahmenlehrplan geeignet wäre.[155]

Hinzu kommt, dass das Buch Freiräume für Lesergeschmäcker gibt und erkennen lässt, dass Literatur wandlungsfähig ist. Percy Jackson beinhaltet nämlich nicht nur Grundzüge eines Abenteuerromans, sondern weist auch Elemente wie Mythologie, Natur, Freundschaft und Liebe auf. Dabei stehen keine moralisierenden und ideologischen Appelle im Vordergrund. Im Gegensatz dazu sind Themen wie Umwelt- und Naturschutz und Probleme von Patchworkfamilien implementiert,

---

152 Ebd., S. 86.
153 Ebd., S. 90.
154 Ebd., S. 91.
155 Vgl. Mikota, Fantastische Jugendliteratur in der Schule, S. 2f; Mikota, Fantastische Helden, S. 3; Riordan, Rick: Percy Jackson – Diebe im Olymp, Hamburg 2011, S. 59, 81, 84-86, 88-91, 93; Senatsverwaltung für Bildung, Jugend und Sport Berlin/ Ministerium für Bildung, Jugend und Sport Land Brandenburg, Teil C Gesellschaftswissenschaften, S. 38.

die die LeserInnen zum Nachdenken anregen sollen. Grover macht beispielsweise Percy entrüstet auf die andauernde Umweltverschmutzung aufmerksam wie mit „Deine Gattung müllt die Welt dermaßen schnell zu, dass … ach egal. Es hat doch keinen Sinn, einem Menschen Vernunft predigen zu wollen"[156]. Diese Problematisierung kann zur Anregung eines Diskurses mit dem Umweltschutz genutzt werden.[157]

Im Zusammenhang mit dem neuen Rahmenlehrplan für Berlin und Brandenburg würde sich ein Einsatz des ersten „*Percy Jackson*"-Bandes, der eine Modernisierung griechischer Mythen darstellt, besonders in den Jahrgangsstufen 5/6 lohnen, da dort unter dem Punkt „3.12 Religionen in der Gesellschaft – Miteinander oder Gegeneinander?" die Religion in der Antike behandelt werden kann. Zudem spielt das Stiften der Lesemotivation eine entscheidende Rolle für das künftige Leben, wofür „*Percy Jackson – Diebe im Olymp*" sich eignet, da der phantastische Jugendroman spannende sowie komische Sequenzen enthält. Durch Percy, seinen Satyr-Freund Groover, Annabeth und die zahlreichen anderen Gestalten des Buches werden zahlreiche Sichtweisen auf Probleme und Sachverhalte geboten, was dem multiperspektiven Ansatz entspricht und somit zum historischen Lernen beiträgt. Diese fungieren zudem als Identifikations-figuren, die adoleszente Zeiten und alltägliche Probleme durchleben und somit den LeserInnen emotionale sowie problemorientierte Anknüpfung ermöglichen. Zwar sind keine explizit historischen Probleme dargestellt, aber die Götter werden in ihren Hauptwesenszügen markant charakterisiert und es werden phantasiereiche Möglichkeiten aufgeboten, worin die Götter als real gesetzt werden und zwar in der Antike, aber auch in der heutigen Zeit. Gegenwartscharakter und Lebenswelt-bezug liefern zudem zahlreiche Anknüpfungspunkte für die SuS.[158]

Für die Verwendung im Unterricht stellt Rick Riordan, Autor des Werkes und

---

156 Riordan, Percy Jackson – Diebe im Olymp, S. 227.
157 Vgl. Ewers, Überlegungen zur Poetik der Fantasy, S. 142f, Pandel, Historisches Erzählen, S. 70-73; Mikota, Fantastische Jugendliteratur in der Schule, S. 2f; Mikota, Fantastische Helden, S. 3; Riordan, Percy Jackson – Diebe im Olymp, S. 227.
158 Vgl. Senatsverwaltung für Bildung, Jugend und Sport Berlin/ Ministerium für Bildung, Jugend und Sport Land Brandenburg, Teil C Gesellschaftswissenschaften, S. 38.

Geschichtslehrer, einen LehrerInnenleitfaden in englischer Sprache zur Verfügung. Dieser beinhaltet neben möglichen Aktivitäten zu jedem Kapitel beim Lesen des Werkes auch kreative und konservative Vorschläge zu Fragestellungen und Diskussionen als *pre-reading activities* sowie *end-of-unit activitie*s mit Anregungen zu den Diskussionen. Zudem hält Riordan die Erstellung von Lesetagebüchern durch die SuS sinnvoll und bezieht sich zu jedem Kapitel darauf. Kritikpunkt hierzu sind die Fragen zu den Kapiteln, die Riordan als W-Fragen verfasst hat, jedoch offener gestellt werden könnten. Der Carlsen-Verlag hat ein Minimodell sowie ein ausführliches Unterrichtsmodell zum Werk entwickelt. Das Minimodell enthält beispielsweise Kopiervorlagen wie Rechercheaufträgen zum Olymp, einem Rätsel zu den Götter sowie einem Tandem-Quiz zum Buch. Zudem wären Rollenspiele und szenische Lesungen in Kombination mit dem Wahlpflichtfach Theater oder Latein denkbar. Im fächerübergreifenden Unterricht mit dem Fach Latein könnten die SuS zudem im Rahmen der Förderung kultureller Kompetenz Narrationen verfassen. Hierzu könnte beispielsweise ein Mythenglossar durch die SuS angelegt werden. Zudem könnten „*Helden des Olymp*" und „*Die Kane-Chroniken*" von Rick Riordan behandelt werden, die Einblicke in die römische und ägyptische Mythologie liefern und somit auch unter dem Punkt „3.12 Religionen in der Gesellschaft – Miteinander oder Gegeneinander?" Einblicke in die Mythen der Religion in der Antike bieten.[159]

---

159 Vgl. Bäcker, Frank/ Bonacker, Maren: Carlsen in der Schule – Ideen für den Unterricht. Minimodell für die Klasse 6–8 »Percy Jackson – Diebe im Olymp«, Hamburg 2013, S. 4-8; S. 4-7, 69-73; Senatsverwaltung für Bildung, Jugend und Sport Berlin/ Ministerium für Bildung, Jugend und Sport Land Brandenburg, Teil C Gesellschaftswissenschaften, S. 38; Senatsverwaltung für Bildung, Jugend und Sport Berlin/ Ministerium für Bildung, Jugend und Sport Land Brandenburg, Teil C Latein Jahrgangsstufen 5-10, Berlin/Potsdam 2015,S. 19f, 28, 32; Senatsverwaltung für Bildung, Jugend und Sport Berlin/ Ministerium für Bildung, Jugend und Sport Land Brandenburg, Teil C Theater, S. 26.

5. Fazit und Ausblick

Der Einsatz historischer Jugendliteratur und der phantastischen Jugendliteratur zum Geschichtslernen ist zu befürworten, was der Fragestellung dieser Arbeit ein positives Ergebnis verleiht. Durch ihren narrativen Charakter kann die literarische Erzählung zum historischen Sinnbilden beitragen, das Narration zur Grundlage hat. Dabei ist jedoch darauf zu achten, dass die Literatur geschichtsdidaktischen und -theoretischen, literaturdidaktischer sowie entwicklungspsychologischer Grundlagen entspricht.

Zwar bestehen Kritikpunkte wie die lange Vorbereitungs- und Bearbeitungszeit, denen jedoch mit Hilfe bereits vorhandener Materialen und fächerübergreifenden Kooperationen entgegengesteuert werden kann. Innerhalb des Geschichts-unterrichtes sollten die SuS befähigt und animiert werden, die Ähnlichkeiten, Unterschiede und die Subjektivität von Geschichte, Literatur und Fantasyliteratur zu thematisieren und deren Grenzen zu reflektieren. Die SuS sollten unter Anwendung geschichtsdidaktischer und -theoretischer Methoden darin gefördert werden, Perspektiven zu wechseln und alternativ sowie problemlösend zu denken. Dazu sollten sie Empathie nutzen und zu einer persönlichen Ergriffenheit von historischen Prozessen gelangen, um über Emotionen historisch zu lernen. Zudem sollte ein breitgefächerter Kompetenzaufbau verfolgt werden, darunter besonders die Stärkung narrativer Kompetenz im Sinne eines narrativen und konstruktivistischen Unterrichts. Die SuS sollten dabei aus ihrer eingeschränkten Vorstellungswelt austreten und sich mit dem auseinandersetzen, was gewesen sein könnte und dabei die Grenzen der eindimensionalen Wirklichkeit im Sinne von Pandels Wirklichkeitsbewusstsein überschreiten. Auf diese Weise ließe sich das Problem von Geschichte als stets eingeschränktes Erzählen überbrücken und eine Sinnverortung der SuS in der Zeit ermöglichen. SchülerInnenorientierung, historische Triftigkeit, Diskurs und Eigensinn kennzeichnen dabei die heutige Form eines durch LehrerInnen und SuS bewusst durchgeführten konstruktivistischen Unterrichts.

Inhaltlich sollte nicht nur die deutsche Nationalgeschichte mit knappen Ausblicken zu anderen Nationalgeschichten im Zentrum der Betrachtungen im Geschichtsunterricht liegen, wenn die SuS laut dem neuen Rahmenlehrplan zum 'Weltbürger' erzogen werden sollen. Daher sollte interkulturelles Lernen gefördert werden. Hierzu eignet sich vor allem der Einsatz fremdsprachiger Bücher oder von Übersetzungen, die in fächerübergreifender Kooperation in den Unterricht eingebracht werden. Durch Fächerkooperationen steht mehr Zeit für den Einsatz von Jugendliteratur im Geschichtsunterricht zur Verfügung.

Besonders mit dem Fach Deutsch, aber auch anderen Fächern wie Theater, Englisch, Latein, Erdkunde und Politische Bildung, um einige Beispiele zu nennen, ließe sich eine viable Verbindung aufbauen. Dies zeigt sich auch im neuen Rahmenlehrplan von Berlin und Brandenburg, der zum Schuljahr 2017/18 in Kraft treten soll. Besonders im Geschichtsunterricht der Jahrgangsstufen 5 und 6, in denen u.a. unter der Kategorie „Europa – grenzenlos?" sowie „Religionen in der Gesellschaft – Miteinander oder Gegeneinander?" die Antike um das Römische, Griechische und ihre Mythen als „Europa in der Antike" und „Religion in der Antike" behandelt wird, ergeben sich Schnittstellen mit dem frühbeginnenden Lateinunterricht, die eine ertragreiche Kooperation hervorbringen können. Dabei steht die narrative Kompetenz als Lernziel des Geschichtsunterrichtes im Vordergrund, da nach Barricelli mittels individuell-kritischer Sinnbildung anhand einer Erzählung historisches Lernen erst ermöglicht werde.[160]

Um Jugendliteratur jedoch lohnend und umfangreich im Geschichtsunterricht einsetzen zu können, wird Engagement seitens der Lehrkraft und ein Umdenken nötig, was bisher utopisch anmutet. Der im Jahr 2015 geplante neue Rahmenlehrplan in Berlin und Brandenburg hätte eine vielversprechende Grundlage mit entsprechendem Handlungsrahmen für die Jugendliteraturnutzung

---

160 Vgl. Barricelli, Schüler erzählen Geschichte, S. 279; Senatsverwaltung für Bildung, Jugend und Sport Berlin/ Ministerium für Bildung, Jugend und Sport Land Brandenburg, Teil C Gesellschaftswissenschaften, S. 22, 30.

gesetzt, da dieser Kategorien und Längsschnitte beinhaltet und somit Potential zum Schaffen von Freiräumen für Lernprozesse geboten hätte.

Wie es Völkel schon darstellt, wäre es für das individuelle historische Lernen förderlich, sich vom Prinzip der Chronologie zu lösen, das sowieso einer pluralistischen Gesellschaft entgegensteht. Völkel sieht die Konsequenzen einer konstruktivistischen Geschichtsdidaktik nicht nur in einer Ummodelierung des historischen Lernens im Geschichtsunterricht der Schule, sondern plädiert auch für eine geänderte Lehrkräfteausbildung, die an die Prinzipien eines konstruktivistischen Geschichtsunterrichts anknüpft.

In dieser Änderung des Denkens läge großes Potential, vor allem für die SuS, die dem Geschichtsunterricht oft negativ gegenüber eingestellt zu sein scheinen. Durch einen konstruktivistischen Geschichtsunterricht könnten SuS sowie GeschichtslehrerInnen selbstbestimmt und bewusst auf Basis ihrer Erfahrungen narrativieren sowie subjektorientiert ein individuelles Verständnis zu Fachinhalten, bewusst ein eigenes Rollenverständnis und individuelles Geschichtsbewusstsein entwickeln.

Die Geschichtslehrkräfte Berlins und Brandenburgs haben sich jedoch gegen einen neuen Rahmenlehrplan mit Längsschnitten ausgesprochen, der ein Schritt in die Richtung eines narrativ-konstruktivistischen Geschichtsunterrichts und somit der Integration geschichtstheoretischer und -didaticher Grundlagen sowie Theorien in den Geschichtsunterricht gewesen wäre. In der Abiturstufe wird ein strikter chronologischer Aufbau verfolgt. Der gesellschaftswissenschaftliche Unterricht in den Jahrgangsstufen 5 und 6 hingegen verfolgt in Ansätzen das Längsschnittkonzept und bietet großen Spielraum für offenes Lernen. Eine konzeptuelle Vereinheitlichung bis zum Abitur hin wäre nicht nur sinnvoll, sondern auch angebracht, da so Irritationen seitens der SuS entgegengewirkt werden könnte. Hierbei wäre die Etablierung eines konstruktivistischen Geschichtsunterrichts lohnend.

Dazu müsste jedoch auch das Etablissement Schule per se überdacht werden, um einen Wandel im Gesamtsystem der Schule zu bewirken, der als ein Ort des Lernens fungieren soll. In diesem würden alle gemeinsam Unterschiedliches erlernen unter Erkennen des individuell eigenen Sinns in der Gegenwart mit Blick auf Vergangenheit und Zukunft. Bei einer solchen Umstrukturierung wäre eine Änderung der Ausbildung von Geschichtslehrkräften für einen strukturierten konstruktivistischen Geschichtsunterricht in Theorie und Praxis unabdinglich. Die künftigen Lehrkräfte müssten erst lernen, selbstbestimmtes Lernen zu unterrichten. Für einen solchen Unterricht müssten in den Rahmenlehrplänen die Kompetenzen als Vorgaben von Lernergebnissen breit gefächert und nicht etwa kleinschrittig formuliert werden. Dabei stünde die Frage nach Messbarkeit und Operationalisierbarkeit im Raum. Eine Lösung für diese Überlegungen kann diese Arbeit nicht geben, jedoch Anregungen schaffen. Denn auch ohne eine Änderung des Schulsystems kann das Buch als Medium zum historischen Lernen im Geschichtsunterricht beitragen.[161]

---

161 Vgl. Völkel, Wie kann man Geschichte lehren?, S. 225-228; Senatsverwaltung für Bildung, Jugend und Sport Berlin/ Ministerium für Bildung, Jugend und Sport Land Brandenburg, Teil C Gesellschaftswissenschaften, S. 25.

Literatur

Althoff, Christiane/Essenberg, Astrid van: Königs Jugendbuchempfehlungen. Historische Stoffe. Lektürevorschläge für den Unterricht, Hollfeld 2007.

Bäcker, Frank/ Bonacker, Maren: Carlsen in der Schule – Ideen für den Unterricht. Minimodell für die Klasse 6–8 »Percy Jackson – Diebe im Olymp«, Hamburg 2013.

Barricelli, Michael: Narrative Kompetenz als Ziel des Geschichtsunterrichts, in: Handro, Saskia/ Schönemann, Bernd (Hg.): Methoden geschichtsdidaktischer Forschung, Münster 2002. S. 73-86.

Barricelli, Michael: Schüler erzählen Geschichte. Narrative Kompetenz im Geschichtsunterricht, Schwalbach/Ts. 2005.

Baumgärtner, Ulrich: Wegweiser Geschichtsdidaktik. Historisches Lernen in der Schule, Paderborn 2015.

Bergmann, Klaus (Hg.): Handbuch der Geschichtsdidaktik, Seelze-Velber [5]1997.

Bergmann, Klaus: Multiperspektivität, in: Mayer, Ulrich/ Pandel, Hans-Jürgen / Schneider, Gerhard (Hg.): Handbuch Methoden im Geschichtsunterricht, Schwalbach/Ts.[2] 2007, S. 65-77.

Braas, Bianca: Historisches Lernen mit Kinderbüchern, in: Bergmann, Klaus/ Rohrbach, Rita (Hg.): Kinder entdecken Geschichte. Theorie und Praxis historischen Lernens in der Grundschule und im frühen Geschichtsunterricht, Schwalbach 2001, S. 135-143.

Brauer, Juliane/ Lücke, Martin: Emotionen, Geschichte und historisches Lernen. Einführende Überlegungen, in: Brauer, Juliane/ Lücke, Martin (Hg.): Emotionen, Geschichte und historisches Lernen. Geschichtsdidaktische und geschichtskulturelle Perspektiven, Göttingen 2013, S. 11-26.

Crew, Hilary Susan: Experiencing America's Story through Fiction. Historical Novels for Grades 7-12, Chicago 2014.

de Haan, Gerhard/ Rülcker, Tobias: Der Konstruktivismus als Grundlage für die Pädagogik, Frankfurt (Main) 2009.

Ewers, Hans-Heino: Fantasy - Heldendichtung unserer Zeit. Versuch einer Gattungsdifferenzierung, in: Zeitschrift für Fantastikforschung (2011), Nr. 1, S. 5-23.

Ewers, Hans-Heino: Überlegungen zur Poetik der Fantasy, in: Tomkowiak, Ingrid (Hg.): Perspektiven der Kinder- und Jugendmedienforschung, Zürich 2011, S. 131-146.

Fried, Johannes: Wissenschaft und Phantasie. Das Beispiel der Geschichte, in: HZ 263 (1996), S. 291-316.

Georg, Janine Christina (Diss.): Fiktionalität und Geschichtsvermittlung – unvereinbar?. Eine Studie über den Beitrag historischer Jugendromane der Gegenwart zum historischen Lernen, Oldenburg 2007.

Günther-Arndt, Hilke: Methodik des Geschichtsunterrichts, in: Günther-Arndt, Hilke (Hg.): Geschichts-Didaktik. Praxishandbuch für die Sekundarstufe I und II, Berlin 2003, S. 151-196.

Haas, Gerhard: Funktionen von Fantastik, in: Knobloch, Jörg/Stenzel, Gudrun (Hg.): Zauberland und Tintenwelt. Fantastik in der Kinder- und Jugendliteratur. Beiheft der Beiträge Jugendliteratur und Medien, Weinheim 2006, S. 26-38.

Haas, Gerhard: Handlungs- und produktionsorientierter Literaturunterricht. Theorie und Praxis eines ›anderen‹ Literaturunterrichts für die Primar- und Sekundarstufe, Seelze [10]2013.

Handro, Saskia: Sprache(n) und historisches Lernen. Zur Einführung, in: Zeitschrift für Geschichtsdidaktik 14 (2015), S. 5-24.

Hartung, Olaf: Die ›sich ewig wiederholende Arbeit‹ des Geschichtsbewusstseins – Sprache als Medium des historischen Lernens, in: Zeitschrift für Geschichtsdidaktik (2010), Nr. 9, S. 180-191.

Haumann, Heiko: Chancen und Probleme der Alltags- und Regionalgeschichte am Beispiel der Grenzregion Oberrhein, in Eisen, Markus/ Neisen, Robert (Hg.): Region und Grenze. Die Bedeutung der Grenze für die Geschichte Südbadens in der Zwischenkriegszeit, Freiburg 2013, S. 28-48.

Holbach, Rudolf: Benjamin Blümchen als Ritter. Das Mittelalter im Kinder- und Jugendbuch, Oldenburg 2004.

Jessen, Barbara/ Zierlinger, Ursula: Historische Jugendbücher im Deutschunterricht. Thesen und Bemerkungen aus literaturdidaktischer Sicht anlässlich des Fachtages Deutsch und Geschichte am 14. September 2010 am Studienseminar für Gymnasien in Gießen, in: Mitteilungen des Deutschen Germanistenverbandes 57 (2010), Nr. 4, S. 446-450.

Kaulen, Heinrich: Wunder und Wirklichkeit. Zur Definition, Funktionsvielfalt und Gattungsgeschichte phantastischer Kinder-und Jugendliteratur, in: Julit. Informationen des Arbeitskreises für Jugendliteratur 30 (2004), Nr. 1, S. 12-20.

Klaßen, Susanne Valerie: Konstruktivismus „macht" Schule. Der Weg des Konstruktivismus in die Grundschule – von der neuen Kindheitsforschung zur Didaktik des Sachunterrichts (Diss.), Gießen 2005.

Klose, Dagmar/ Beetz, Petra (Hg.): Klios Kinder werden flügge?. Geschichtslernen im Jugendalter: Eine entwicklungspsychologisch orientierte, konstruktivistische Didaktik der Geschichte, Hamburg 2005.

Köppert, Christine: Entfalten und Entdecken. Zur Verbindung von Imagination und Explikation im Literaturunterricht München 2007.

Lorenz, Chris: Kann Geschichte wahr sein?. Zu den narrativen Geschichtsphilosophien von Hayden White und Frank Ankersmit, in: Schröter, Jens/ Eddelbüttel, Antje (Hg.): Konstruktion von Wirklichkeit. Beiträge aus geschichtstheoretischer, philosophischer und theologischer Perspektive, Berlin/ New York 2004.

Mikota, Jana: "Der normale Schulwegwahnsinn". Auch Vampire gehen zur Schule, in: kids & media 1, Zürich 2012, S. 65-82.

Mikota, Jana: Literarische Bildung – Figurenanalyse, in: Ideen für den Unterricht. Methoden für Deutschunterricht und Leseförderung. Thema des Monats: Mai 2013, Hamburg 2013.

Mikota, Jana: Fantastische Jugendliteratur in der Schule, in: Ideen für den

Unterricht. Methoden für Deutschunterricht und Leseförderung. Thema des Monats: Juni 2013, Hamburg 2013.

Mikota, Jana: Kompetenz: »Vorstellungsbildung«, in: Ideen für den Unterricht. Methoden für Deutschunterricht und Leseförderung. Thema des Monats: August 2013, Hamburg 2013.

Mikota, Jana: Fantastische Helden, in: Ideen für den Unterricht. Methoden für Deutschunterricht und Leseförderung. Thema des Monats: Juni 2014, Hamburg 2013.

Oskamp, Irmtraud: Jugendliteratur im Lehrerurteil. Historische Aspekte und didaktische Perspektiven, Würzburg 1996.

Pandel, Hans-Jürgen: Dimensionen des Geschichtsbewusstseins – Ein Versuch, seine Struktur für Empirie und Pragmatik diskutierbar zu machen,in: Geschichtsdidaktik 12 (1987),Nr. 2 , S. 130-142.

Pandel, Hans-Jürgen.: Historisches Erzählen. Narrativität im Geschichtsunterricht (Methoden Historischen Lernens), Schwalbach/Ts. 2010.

Prestel, Marco: Wundersame Wirrnis. Eine Einführung in die Theorie der phantastischen Kinder- und Jugendliteratur und die Poetik der Fantasy, in: Mairbäurl, Gunda et al. (Hg.): Kinderliterarische Mythen-Translation. Zur Konstruktion phantastischer Welten bei Tove Jansson, C.S. Lewis und J.R.R. Tolkien. Praesens, Wien 2013, S. 25-54.

Reese, Armin: Unkontrolliert — aber beeinflußbar?. Das historische Kinder- und Jugendbuch als Vermittlungsinstanz für Emotionen, in: Mütter, Bernd/ Uffelmann, Uwe (Hg.): Emotionen und historisches Lernen. Forschung–Vermittlung–Rezeption, Studien zur internationalen Schulbuchforschung. Schriftenreihe des Georg-Eckert-Instituts 76, Hannover 1996, 181-189.

Reiche, Dietlof/ Stöver, Hans-Dieter: Werkstattbericht. Geschichten aus der Geschichte, in: Geschichte Lernen Heft 71 (1999), Nr. 12, S. 7-9.

Rossi, Melanie: Das Mittelalter in Romanen für Jugendliche. Historische Jugendliteratur und Identitätsbildung, Nr. 64, Frankfurt am Main 2010.

Rox-Helmer, Monika: Jugendbücher im Geschichtsunterricht. Methoden Historischen Lernens, Schwalbach/Ts. 2006.

Rox-Helmer, Monika: Lesen im Geschichtsunterricht. Notwendigkeit oder Chance?, in: Pro Lesen. Auf dem Weg zur Leseschule - Leseförderung in den gesellschaftswissenschaftlichen Fächern, Donauwörth 2010, S. 183-199.

Sauer, Michael: Historische Kinder- und Jugendliteratur, in: Geschichte Lernen Heft 71 (1999), Nr. 12, S. 18-25.

Sauer, Michael: In diesem Heft, in: Geschichte Lernen Heft 71 (1999), Nr. 12, S. 3.

Schörken, Rolf: Historische Imagination und Geschichtsdidaktik, Paderborn/München 1994.

Schrader, Ulrike: Immer wieder Friedrich?. Anmerkungen zu dem Schulbuchklassiker von Hans Peter Richter, in: Benz, Wolfgang (Hg.): Jahrbuch für Antisemitismusforschung 14, Berlin 2005, S. 323-344.

Senatsverwaltung für Bildung, Jugend und Sport Berlin/ Ministerium für Bildung, Jugend und Sport Land Brandenburg, Teil B Fächerübergreifende Kompetenzentwicklung, Berlin/Potsdam 2015.

Senatsverwaltung für Bildung, Jugend und Sport Berlin/ Ministerium für Bildung, Jugend und Sport Land Brandenburg, Teil C Geschichte Jahrgangsstufen 7-10, Berlin/Potsdam 2015.

Senatsverwaltung für Bildung, Jugend und Sport Berlin/ Ministerium für Bildung, Jugend und Sport Land Brandenburg, Teil C Gesellschaftswissenschaften Jahrgangsstufen 5/6, Berlin/Potsdam 2015.

Senatsverwaltung für Bildung, Jugend und Sport Berlin/ Ministerium für Bildung, Jugend und Sport Land Brandenburg, Teil C Latein Jahrgangsstufen 5-10, Berlin/Potsdam 2015.

Senatsverwaltung für Bildung, Jugend und Sport Berlin/ Ministerium für Bildung, Jugend und Sport Land Brandenburg, Teil C Moderne Fremdsprachen Jahrgangsstufen 7-10, Berlin/Potsdam 2015.

Senatsverwaltung für Bildung, Jugend und Sport Berlin/ Ministerium für Bildung, Jugend und Sport Land Brandenburg, Teil C Theater Wahlpflichtfach Jahrgangsstufen 7-10, Berlin/Potsdam 2015.

Terhart, Ewald: Konstruktivismus und Unterricht. Gibt es einen neuen Ansatz in der Allgemeinen Didaktik?, in: Zeitschrift für Pädagogik 45 (1999), Nr. 5, S. 629-647.

Veit, Georg: Von der Imagination zur Irritation, in: Geschichte lernen 9 (1996), Nr. 52, S. 9-12.

Veit, Georg: Historische Jugendliteratur, in: Bergmann u.a. (Hg.): Handbuch der Geschichtsdidaktik, Seelze-Velber 1997, S. 440-446.

van Norden, Jörg: Was machst du für Geschichten?. Didaktik eines narrativen Konstruktivismus, Freiburg im Breisgau 2011.

von Glasenapp, Gabriele: "Was ist Historie? Mit Historie will man was". Geschichtsdarstellungen in der neueren Kinder- und Jugendliteratur, in: Glasenapp, Gabriele von/ Wilkending, Gisela (Hg): Geschichte und Geschichten, Frankfurt (Main) 2005.

von Reeken, Dietmar: Das historische Jugendbuch, in: Pandel, Hans-Jürgen / Schneider, Gerhard (Hg.): Handbuch Medien im Geschichtsunterricht, Schwalbach 1999, S. 69-83.

Völkel, Bärbel: Wie kann man Geschichte lehren?. Die Bedeutung des Konstruktivismus für die Geschichtsdidaktik, Schwalbach/Ts 2002.

White, Hayden: Auch Klio dichtet, oder, Die Fiktion des Faktischen. Studien zur Tropologie des historischen Diskurses, Stuttgart 1986.

White, Hayden: The Question of Narrative in Contemporary Historical Theory, in: History and Theory 23 (1984), Nr. 1, S. 1-33.

Wolf, Yvonne: Fiktionale Welten gegen das Vergessen. Zum Verhältnis von Phantastik und Geschichte in Ralf Isaus Roman 'Das Museum der gestohlenen Erinnerungen', in: von Glasenapp, Gabriele/ Wilkending, Gisela (Hg.): Geschichte und Geschichten. Die Kinder- und Jugendliteratur und das kulturelle und politische Gedächtnis, Frankfurt (Main) 2005, S. 263-282.

Wrobel, Dieter: Der Vampir als Entwicklungshelfer. Literarische Blutsauger in der KJL als Förderer der Enkulturation und Sozialisation, in: Mikota, Jana/Planka, Sabine (Hg.): Der Vampir in den Kinder- und Jugendmedien, Berlin 2012, S. 23-40.

Jugendliteratur

Almond, David: Feuerschlucker, München 2007.

Giff, Patricia Reilly: Mit einem Koffer voller Träume, München 2007.

Lenk, Fabian: Verschwörung gegen Hannibal. Ein Ratekrimi aus der Römerzeit, Bindlach ²2010.

Lornsen, Dirk: Rokal der Steinzeitjäger, in: Siegle, Rainer/Wolff, Jürgen (Hrg.): Lesehefte für den Literaturunterricht, Nr. 56, Stuttgart ²1990.

Mexer, Caroline: Das Gift der Königin, Würzburg 2003.

Richter, Hans Peter: Damals war es Friedrich, München 2007.

Riordan, Rick: Percy Jackson – Diebe im Olymp, Hamburg 2011.

Röhrig, Tilman: In dreihundert Jahren vielleicht, Würzburg ⁴1985.

Schwieger, Frank: Die Rache des Gladiators. Ein Abenteuer aus dem Alten Rom, München 2010.

Stöver, Hans Dieter: Quintus geht nach Rom, München ²¹2006.